Maria Teresa Milano

Belleza

Una fuerza para florecer

Paulinas

Las citas bíblicas de este volumen han sido traducidas por la autora.

© Figlie di San Paolo, Milán, 2025

Título original: *Bellezza. Una forza per fiorire*
Traducido por: María Jesús García González.

Imagen de cubierta: Susan Wilkinson
Diseño de cubierta y maquetación: Alba Cosío Velasco.

© Maria Teresa Milano

© PAULINAS 2025
Carril del Conde, 62 - 28043 Madrid
Tel.: 91 721 89 84 - Fax: 91 759 02 04
E-mail: editorial@paulinas.es
www.paulinas.es

PAOLINE Editoriale Libri
© FIGLIE DI SAN PAOLO, 2025

ISBN: 978-84-19408-64-5
Depósito Legal: M-25864-2025

Impreso por Gar.Vi. 28970 Humanes (Madrid)
Printed in Spain. Impreso en España

Toca ligeramente,
ligeramente apoya tu pie
y cuida
de cada mecanismo de vuelo
de cada parpadeo y cada giro
y maduración y raíz
y correr del agua y chasquido
y repiqueteo y el abrirse
o desvanecerse de las hojas
hasta el fenómeno de la floración.

(Mariangela Gualteri,
Sii dolce con me. Sii gentile)

Introducción

Escribir un libro sobre la belleza. Es una de esas cosas que jamás me habría imaginado que haría.

Yo, que fui aquella niña un poco rellenita y tímida, aquella adolescente con aparato dental y unas enormes gafas de miope, aquella universitaria de la camiseta grande y una maraña de cabellos rizados y rebeldes que miraba en secreto, sin ninguna esperanza, a sus compañeras de pelo liso y suave que llevaban camisetas cortísimas para enseñar el ombligo, ahora, con cincuenta y un años, reflexiono y escribo sobre la categoría que peor me lo ha hecho pasar durante tanto tiempo.

Pero quizá lo esté haciendo porque, por algún extraño motivo, es también la categoría que hoy siento más cercana y familiar, probablemente porque he intentado habitarla, fluctuando entre deseos y frustraciones, buscando y descubriendo espacios inéditos y miradas considerablemente más amplias.

Crecí a caballo entre los años ochenta y principios de los noventa, en la época de las *top model* talla 38, a años luz de la bellísima modelo *curvy* Ashley Graham que hoy está tan de moda en internet. En esa época las chicas soñábamos con películas como *Top Gun* y *Dirty Dancing*, en la que un fascinante bailarín interpretado por Patrick Swayze decía: «Nadie pone a Baby en un rincón». Era el rescate de toda Cenicienta.

Yo era extrovertida, tenía intereses culturales y muchos amigos, pero los cánones de belleza impuestos por la sociedad, tan rígidos, me hacían sentir a menudo en un rincón, y esperaba en vano que un Patrick Swayze viniera a sacarme de allí. Todavía no existía el concepto de *body shaming*, y las chicas como yo, muy a su pesar, desarrollaban un sentido de inferioridad general, como si el aspecto físico tuviera que ser lo más emblemático de uno mismo.

Con el tiempo, muchas cosas han cambiado para mí: los cabellos rizados ahora son glamurosos, el sector de la oftalmología fabrica monturas de diseño y lentillas para todas las necesidades, los aparatos dentales son ligeros y transparentes, y llevar pantalones talla 48 y camisetas talla L ya no es un *delito*.

Con el tiempo han cambiado también muchas cosas en el pensamiento colectivo, y aunque es verdad que en ciertos ambientes resisten los estereotipos e ideales de belleza forjados según los cánones griegos y las teorías de Petrus Camper sobre el ángulo facial, también es verdad que se ha desarrollado una campaña de educación para la belleza en toda regla, articulada de diferentes maneras y orientada a superar los mitos y a crear conciencia, de uno mismo y del mundo en el que vivimos.

Pero no me estoy refiriendo al eslogan de la *body positivity*, sino a lo que podríamos llamar una revolución cultural según la cual la belleza se configura como una gran fuerza gracias a la que podemos florecer y dar un sentido profundo a nuestra vida.

Si alguien me preguntara cuál es la cosa más bella que he visto, respondería enseguida: la sonrisa desdentada de mis hijos cuando eran pequeños y olían a leche y a polvos de talco. Y después, de manera desordenada y sin pensar en ello: la puesta de sol en Cape Town, el Monviso bajo el cielo azul, los fondos marinos de la isla Dahlak, las miradas de quienes me han abierto su corazón, y tantas otras cosas.

Esta dinámica puede avanzar hasta el infinito, y es difícil darse cuenta de que la palabra «belleza» puede seguir, sin duda, criterios objetivos, pero la mayoría de las veces está asociada a recuerdos y a emociones, y por eso la percepción que se tiene de ella es completamente subjetiva.

Hoy escribo estas páginas porque creo que cultivar la belleza, reconocerla y buscarla constantemente en la realidad para alimentarse de ella es nuestra gran oportunidad para vivir plenamente la vida.

Soy perfectamente consciente de que estoy andando por un camino resbaladizo y traicionero y que hablar de belleza puede ser muy peligroso: corremos el riesgo de caer en la banalidad o en la excesiva abstracción o, incluso, puede surgir la idea de que quien escribe sufre el síndrome de Pollyanna, que nos hace ver todo bonito y dorado contra toda evidencia.

No puedo garantizar que este libro no tendrá banalidad ni conceptos abstractos, pero puedo decir con seguridad que, por lo que a mí respecta, Pollyanna es un lejano recuerdo de infancia; en determinados momentos la vida fue muy dura conmigo y algunas heridas no han llegado a curar, pero estoy cada vez más convencida de que la belleza que poseemos como individuos y la de nuestra aventura en la tierra no consiste en la búsqueda y mantenimiento de una serenidad sin contratiempos ni sufrimiento.

La belleza es esa semilla que llevamos dentro y que decidimos cultivar; está en nuestra creatividad, en nuestro deseo de ser únicos e irrepetibles, en nuestra ética y en nuestra voluntad de encontrar armonía entre lo que sentimos y lo que manifestamos sobre nosotros mismos.

Excluyendo las desgracias y todo lo que no está en nuestra mano, podemos de verdad vivir la belleza optando por ella cada día en los pequeños gestos, en las expresiones de gratitud y en la capacidad de asombro ante las pequeñas o grandes maravillas que nos llegan.

En este libro hablo sobre la belleza que he encontrado y vivido y sobre la belleza que seguiré buscando, con la curiosidad y la espontaneidad de los niños y el conocimiento de una mujer adulta que guarda sus propias experiencias y cuida de sus tesoros y de sus cicatrices. Con un toque de indulgencia y de sana compasión. Con una gran esperanza en la vida.

Advertencia al lector

El libro tiene la estructura de una composición musical: obertura, tres actos divididos en escenas y un final.

Cada momento tiene los sonidos de diferentes idiomas, el alma ecléctica y vivaz de las contaminaciones musicales, las sugerentes visiones de geografías reales e imaginadas, los colores del arte y del cine y las voces de filósofos, antropólogos, literatos y hombres de fe que a lo largo de los siglos han pasado de una generación a otra, en un proceso de ósmosis que ha dado vida a nuevas formas y nuevos significados.

Porque tratar de hablar de la belleza se parece a componer una obra musical-teatral: quien escribe aporta el conocimiento «científico y técnico» que posee y le da forma a partir de una observación personal del mundo, manteniendo la absoluta libertad de su propia mirada.

Obertura

El teatro está abarrotado. El murmullo de los espectadores recorre la sala. Los músicos llegan en orden y se reparten por el foso de orquesta, ocupando su lugar. Cada cual afina su instrumento y por momentos las cuerdas parecen pelearse con los vientos. Las disonancias se mezclan con las voces del público. Tras los pesados telones de terciopelo, alguien se mueve por el escenario, corriendo y colocando objetos.

En este desorden hay cierta magia. Es la magia de la espera.

Las luces de la sala comienzan a parpadear y van atenuándose gradualmente hasta apagarse del todo. Solo queda la iluminación del foso de orquesta. También los sonidos aminoran y, poco a poco, y durante unos instantes, todos permanecen en un silencio inmóvil.

Entra el director de la orquesta, y es recibido con una salva de aplausos.

Sube a la tarima y hace una inclinación ante el público.

Vuelve el silencio.

El director levanta su batuta y comienzan a vibrar las primeras notas.

Lentamente comienza a abrirse el telón y una voz en *off* declama:

Al principio Dios creó el cielo y la tierra y la tierra era *tohu va-vohu;* las tinieblas estaban al borde del abismo y el espíritu de Dios aleteaba sobre las aguas. Dios dijo: «Que haya luz». Y hubo luz[1].

El escenario se inunda de una luz cálida y entre las butacas alguien susurra: «Pero ¿qué es eso de *tohu va-vohu?*». Difícil de explicar con certeza, quién sabe qué tenían en mente los autores y redactores del libro bíblico del Génesis, y quién sabe si se imaginaban los quebraderos de cabeza que darían a los traductores en los siglos posteriores.

El *tohu va-vohu* expresa, fundamentalmente, la idea de la informidad y del vacío, que no hay que confundir con la nada, como decía más o menos en esa misma época el filósofo griego Parménides. Mucho tiempo después

_____
1. Gen 1,1.

14

los maestros del Talmud trataron de ofrecer una explicación más concreta:

Tohu: es una línea verde que rodea todo el mundo y de la que sale la tiniebla, como nos dice: «Las tinieblas han hecho a su alrededor un escondite» (Sal 18,12). *Vohu:* son los pies húmedos dentro del abismo, de los que surgieron las aguas, como nos dice: «Ha extendido sobre ella la línea del *tohu* y las piedras del *vohu*» (Isaías 34,11)[2].

Informe y vacío. Oscuridad. Silencio. Solo el espíritu de Dios aletea sobre las aguas. El cuadro es estático, sin tiempo. De pronto, la *sorpresa,* que lleva el tiempo a la escena; Dios pronuncia una simple frase: «Que haya luz», y la luz aparece. Es el comienzo del tiempo y de su división, a partir de «Y hubo noche y hubo mañana» y el recuento de los días; es el comienzo de una labor de orden y de creación que tiene ocupado a Dios durante seis días completos.

«Y hubo luz». Y luego hubo sol, luna, estrellas, día y noche, tiempo y estaciones, mares y lagos, arena y rocas, plantas, flores, frutos, animales que pisaban el suelo, aves que surcaban los cielos, peces que pululaban por las aguas y terribles monstruos marinos, como el Leviatán,

---

2. Talmud de Babilonia, tratado Jaguigá 12. Todas las traducciones son de la autora a menos que se indique lo contrario.

que, según algunos textos exegéticos antiguos, abundantes en detalladas descripciones, infundía terror en todas las criaturas y tenía una sed insaciable, además de un olor tan fétido que habría hecho que incluso el jardín del Edén fuera inhabitable[3].

Dios habla y la realidad toma forma y, según algunos relatos de la tradición hebrea, en el momento de dar comienzo a su obra mantuvo un diálogo directo con cada letra, como si fuera una audición teatral. Cada signo del alfabeto quería ser el instrumento de la creación y se presentó ante él para defender su propia causa, exponiendo excelentes alegaciones. Dios acabó eligiendo la *bet,* la letra con valor numérico 2 e inicial del verbo *barak,* «bendecir».

Bajo el signo de la bendición, la palabra engendra y el número especifica el orden.

En la época de la redacción del texto del Génesis, en otro lugar y en otro idioma, el filósofo griego Pitágoras planteaba que el principio de todas las cosas era el número, instrumento para poner límites a la realidad, y desarrolló una idea estético-matemática del universo que

3. Las narraciones sobre los animales están recogidas en el midrashim y en el Talmud. Para leer algunas puede consultarse H. N. BIALIK – Y. H. RAVNITZKY (eds.), *The Book of Legends. Sefer Haaggadah. Legends from the Talmud and the Midrash*, Shocken Books, Nueva York (NY) 1992; L. GINZBERG, *Le leggende degli ebrei* I: *Dalla creazione al diluvio,* edición de E. Loewenthal, Adelphi, Milán 1995; www.sefaria.org.

tuvo posteriormente influencia sobre algunos científicos de siglos posteriores, en particular sobre el físico Paul Dirac, que dijo:

> Es más importante que las ecuaciones sean bellas que el que se ajusten al experimento. Por lo general la belleza matemática implica que una ecuación se ofrezca de manera sencilla y concisa y que contiene todas las consecuencias necesarias[4].

El relato bíblico coloca en el origen del universo el número 2, que es particularmente significativo, porque habla del dualismo constitutivo de la naturaleza. Nada está «solo» ni se nombra únicamente como expresión de una ausencia, ni siquiera la tiniebla, que en el relato no es falta de luz, sino una realidad material.

Las plantas y las flores producen semillas y frutos y se multiplican; eso mismo hacen los animales en el maravilloso proyecto divino que pone en el centro la vida, poniendo orden en lo que estaba informe y vacío para crear y dar forma, para «llenar la tierra».

4. P. A. M. DIRAC, «The Evolution of the Physicist's Picture of Nature», en *Scientific American* 208 (1963), 239-247, citado en D. DE ROSA, «Mathematical beauty: On the aesthetic qualities of formal language», en *Aisthesis. Pratiche, linguaggi e saperi dell'estetico* 16/2 (2004), 121-131.

Dios trabaja intensamente durante cinco días, y cada día (excepto el segundo) ve lo que ha hecho y declara que es *tov*, «bueno», pero también bello.

El sexto día decide crear al ser humano a su imagen y semejanza, es decir, con la misma fuerza creadora y creativa, y expresa de la manera más sublime esa idea de la dualidad, por la que el nuevo ser es desde el comienzo uno y dos, macho y hembra, dos caras de la misma moneda, fundamentalmente iguales en esencia, pero no idénticos. La identidad está marcada desde el principio con una diversidad radical pero unitaria, que nos lleva a replantearnos al ser humano en general: nuestro ser, masculino y femenino, mantiene y valora las diferencias de los dos proyectos concretos[5]. El Todopoderoso crea a los seres humanos a su imagen y semejanza, macho y hembra con igual dignidad, sin ninguna jerarquía y animados ambos por el deseo de vivir una relación que es bendición.

La creación se completa y en el teatro se percibe el sentimiento de maravilla y estupor ante tanta belleza. Y mientras la orquesta sigue tocando, se alza otra voz en *off*, la de la filósofa francesa Catherine Chalier:

---

5. Para profundizar sobre esto, cf M. T. MILANO – L. MARGARIA, *Abitare le parole. Suggestioni semiserie sulla vita dalla A alla Z*, Claudiana, Turín 2021, pp. 23-26.

¿Cómo podemos acoger la letra *bet* en cada vida para que se convierta en fuente de bendición? O incluso, ¿cómo recibir la alteridad de cada criatura humana como una alegría que, lejos de colmar una espera previa, no deja de sorprender y reavivar infinitamente el deseo de su cercanía? La bendición depende de esta maravilla, de este poder que tiene el otro, aquel de quien estoy separado/a, de revelarme mis propias capacidades y de crecer al ritmo de este amor[6].

Ahora la orquesta guarda silencio. En el palco hay una luz tenue y todos los elementos de la escena se han detenido.

Los seis días de la creación han llegado a su fin y ha llegado el séptimo, *shabbat,* que se llama así porque Dios «terminó toda su obra»[7].

Según la tradición, en realidad el séptimo día Dios hizo un último acto creando la *menucha,* es decir, el reposo, el descanso, para después, precisamente, descansar en ese tiempo distinto y particular, que no es una tregua ni una simple bocanada de oxígeno entre un trabajo y otro. No tiene nada que ver con nuestra idea de «desconectar», que, además, es una expresión feísima porque no somos máquinas que haya que desenchufar de vez en cuando

---

6. C. CHALIER, *Les Lettres de la Création: L'alphabet hébraïque,* Arfuyen, Orbey 2006.

7. En hebreo el verbo *sh-b-t* significa «cesar».

para luego volver a encenderlas y que funcionen igual que antes, hasta el siguiente reset.

El tiempo del descanso establecido en la obra de la creación no es un anestésico y no desconecta ningún enchufe; se detiene el trabajo, no la vida. Es un tiempo que se abre espacio.

Sale a escena Abraham Joshua Heschel, uno de los más grandes pensadores hebreos del siglo XX, profesor de ética y de mística, ensayista y poeta, que explica:

> El séptimo día es un «palacio» que construimos en el «tiempo»: está hecho de alma, de alegría y de reticencia [... En su atmósfera, la disciplina recuerda la cercanía con la eternidad]. El séptimo día es una mina de la que se extrae el precioso metal del espíritu con el que se construye el palacio en el tiempo, una dimensión en la que lo humano se identifica con lo divino, una dimensión en la que el hombre aspira a perfeccionar su semejanza con la divinidad [...]. El arte de guardar el séptimo día es el arte de pintar en el lienzo del tiempo la misteriosa grandeza del apogeo de la creación [...]. El amor al Shabat es amar aquello que el hombre y Dios tienen en común. La observancia del Shabat es una paráfrasis de Su santificación del séptimo día. ¿Qué sería un mundo sin Shabat? Sería un mundo que solo se conocería a sí mismo, o a un Dios desnaturalizado como un objeto, o un abismo separando

a Dios del mundo; un mundo sin la visión de una ventana a la eternidad que se abre hacia el tiempo[8].

Detenerse. Reposar. Construir un tiempo bueno, no como evasión ni como un remedio pasajero al *burnout,* sino para reencontrarse uno mismo fuera del caos cotidiano, para leer, hablar de temas placenteros, cantar y disfrutar de la buena comida en compañía, alrededor de una mesa vestida de fiesta.

Detenerse. Reposar. Dedicar tiempo a los asuntos personales y decidir estar ahí para el otro, no por obligación ni por quién sabe qué teoría o filosofía de vida, sino, sencillamente, porque es hermoso.

Detenerse. Reposar. Redescubrir el placer de ser uno mismo, uno mismo y el otro, uno mismo y Dios (para quien lo desee). Es la alegría de vivir una presencia, es renunciar a la *obligación* para optar por el *deseo,* dando prioridad a las personas en vez de a las cosas.

Nos entrenamos constantemente en ese tiempo especial, distinto y sacro, para adquirir una mirada nueva sobre nosotros mismos y nuestra vida, para hacernos conscientes de que detenerse no significa desconectar, sino estar en la vida, simplemente, de otro modo, por lo tanto

---

8. A. J. HESCHEL, *El Shabat,* Ediciones Seminario Rabínico, Buenos Aires 2021, pp. 28-30.

la tristeza es derrotada por la alegría y las fuerzas de unión son más poderosas que las energías que disgregan. De lo contrario, nos quedamos sencillamente separados de nuestros afectos, como si estuviéramos constantemente a merced de sus variaciones. Si nos quedamos escindidos de nuestros propios afectos, serán las cosas y los encuentros externos los que los determinen, sin que podamos tener ningún control sobre ellos. El amor del que habla Spinoza, por ejemplo, es el camino para salir de uno mismo y empezar a conocer y a comprender el mundo, como un impulso hacia un vínculo más profundo con la realidad[9].

Los espectadores están profundamente conmovidos. El relato bíblico, en su aparente simplicidad, parece tener interesantes intuiciones psicológicas y algunas afirmaciones parecen arquetipos elementales de teorías científicas desarrolladas siglos después: la representación del *tohu va-vohu,* el estado de «informe y vacío», se asemeja bastante a la hipótesis moderna de un vacío originario sin dimensiones y de las fluctuaciones cuánticas, más que a la del caos de la cosmogonía antigua; el hecho de hacer coincidir el inicio con la llegada repentina de la luz nos recuerda un poco a la teoría del Big Bang, es decir, de una explosión acaecida, como diríamos en lenguaje

9. I. GUANZINI, *Tenerezza. La rivoluzione del potere gentile*, Ponte alle Grazie, Milán 2020, pp. 90 y 92.

popular, «a la velocidad de la luz»; la imagen de la tiniebla como realidad autónoma y no como simple ausencia de luz parece contener ya el germen de la teoría sobre la materia oscura.

Todos sabemos que la Biblia no es un texto científico, ni un libro de historia o de antropología; parece incluso innecesario decirlo, y sería absurdo pensar en lo contrario, pero esto no significa que estemos ante una colección de antiguas leyendas o ante un manual religioso elaborado con la intención de adoctrinar.

La Biblia es el gran libro de las preguntas, y su belleza reside precisamente en la capacidad de seguir interrogándonos, animándonos a encontrar conexiones con nuestra vida, y de ponernos en diálogo con los lenguajes y la sensibilidad del presente.

Y mientras esta idea de diálogo y entramado comienza a abrirse camino en la mente de los espectadores, sale al escenario Achinoam Nini, cuyo nombre artístico es Noa, cantante israelí de origen yemení conocida por su extraordinario talento musical, pero también por sus escritos y sus discursos sobre el amor y por su incansable trabajo para la construcción de la paz.

Noa irradia belleza, y su voz, acompañada por la orquesta, lleva al público un antiguo fragmento en hebreo escrito por Haim Hefer y con música de Sasha Argov, que se titula *Bereshit* y comienza así:

Bereshit bara' Elohim et hashamaym
ve'et ha'aretz...

Al principio Dios creó el cielo y la tierra...

Bereshit narra los días de la creación, siguiendo fielmente el texto bíblico, pero de manera un poco más fluida y coloquial, y cada estrofa coincide con la antigua narración hasta la creación del ser humano. A continuación, un repentino cambio de sonoridad, con la entrada rompedora de los timbales, y con versos nuevos:

Y el hombre domesticó a los animales,
y el hombre aró la tierra,
y el hombre inventó la rueda,
y el hombre hizo navegar barcos sobre las olas,
y el hombre domesticó el vapor,
y el hombre voló por el cielo como un pájaro,
y el hombre conquistó las estrellas del cielo,
y el hombre creó el átomo[10].

Último sonido de timbal. Pausa. Comienzan de nuevo los violines y el telón va cerrándose lentamente. La *obertura* ha concluido. El universo ha sido formado y muchos seguirán preguntándose si ha sucedido

---

10. S. ARGOV – H. HEFER, *Bereshit*, en shironet.mako.co.il.

de manera espontánea o por la intervención de un Dios creador.

Muchos se conmoverán por la belleza que hay en el hecho de que los seres humanos sean incapaces de comprender hasta el fondo los misterios del mundo, mientras otros, siguiendo la estela de Albert Einstein, se dirán lo bello que es «el hecho mismo de que todas nuestras experiencias sensoriales puedan ordenarse con el pensamiento» y que «el misterio más grande del mundo sea su comprensibilidad».

Acto Primero

Escena 1
Jardín

El escenario está completamente vacío. Ninguna escenografía. Ninguna luz. La orquesta está en silencio. De pronto el foco ilumina a un hombre en el proscenio: un hombre guapo, alto, de unos setenta años, con vaqueros, camiseta de rayas multicolores, una melena de rastas de color castaño con líneas ligeramente plateadas y barba gris, vagamente *hípster*. Pasa su mirada sobre el público, una mirada inteligente, aguda, irónica, y luego se acerca al micrófono y comienza a cantar a capela. Señores y señoras, se trata de Bobby McFerrin, que interpretará para nosotros su *The Garden*.

Y hubo un día y hubo noche
hubo oscuridad y hubo luz
estaba la tierra, estaba el cielo,
y allí en el árbol, trepó una mentira.
Allí, en el Edén, estaba el bien.
Allí en el jardín, donde se erguía el árbol de la vida
estaba la serpiente, estaba el dolor
y tratamos de darnos la vuelta.

Hubo fuego y hubo lluvia,
hubo un discurso y hubo vergüenza,
hubo lamentos y llantos.
Pero quedó un resplandor
en los ojos del gran hombre[11].

Un maravilloso resumen, musical, de lo que sucedió
después de la creación del ser humano, según el relato
bíblico, en el que encontramos a un hombre y a una mujer
ya completamente formados (o al menos esa es la impresión), que viven en un lugar magnífico, lleno de colores
y de aromas, y con abundancia de agua y de todo tipo de
frutos. Ambos tienen la tarea de cultivar la tierra y llenarla de vida, y a Adán, además, se le encomienda el papel
de asignar un nombre a cada animal. En el segundo relato
de la creación del ser humano, la mujer se modela a partir
de la costilla (o del costado, como se prefiera) del hombre
y se vislumbra claramente la relación paritaria entre los
dos, según la cual el hombre reconoce que la mujer es
carne de su carne y hueso de sus huesos y que sin ella no
puede vivir.

Por otro lado, tras una larga serie de declaraciones de
Dios que afirman que todos los elementos de la creación
son *tov*, es decir, buenos y bellos, está escrito que el hombre que está solo es *lo tov*, no bueno y no bello; por tanto,

---

11. La canción *The Garden* está incluida en el álbum *Medicine Music* (1990).

30

podríamos decir que la soledad es la antítesis de la creación misma. La vida necesita una dualidad, una relación, porque en el proceso de reconocerse mutuamente es donde radica el rasgo de *bondad* y de *belleza* del ser humano.

Ese lugar está a una distancia de años luz de las cavernas y los bosques en los que los seres humanos primitivos vivieron de verdad y dejaron huellas de su presencia, y el relato de Adán y Eva en el Génesis está en absoluta antítesis respecto a la historia de la evolución de los seres humanos en la Tierra, pero no porque los autores de la Biblia fueran tan ingenuos que pensaran que todo había ocurrido de ese modo.

Es mucho más probable suponer que el relato tuviese otra intención: esclarecer algunos puntos fundamentales; en primer lugar, el hecho de que la humanidad no podía estar confinada en un jardín, un recinto cerrado y vigilado, en el que más o menos todo estaba permitido y se podía deambular sin ser conscientes de uno mismo porque había alguien *más grande* que satisfacía todas las necesidades.

Adán y Eva debían necesariamente salir del Jardín, tenían que hacerlo si querían vivir como adultos libres y responsables y no como niños confiados hasta tal punto que *estaban desnudos*.

Los dos tienen además un instrumento precioso, una especie de poder: el lenguaje. No se menciona ningún diálogo entre ellos, y la primera comunicación real entre los seres humanos solo se recoge más adelante en el relato bíblico, entre Abrahán y Sara. Pero Adán y Eva no se limitan a los gestos y a la lírica, como imaginamos que hicieron los hombres primitivos, sino que la «capacidad de palabra», por medio de la cual, además, Adán pudo dar nombre a toda criatura, los colocó en una posición que nos permite comprender mejor lo que ocurrió después. Pensemos en las palabras del filósofo polaco Zygmunt Bauman:

> Nosotros los humanos poseemos el lenguaje, instrumento capaz de hacer maravillas, que nos permite dar un nombre a las cosas existentes, pero también, aún más milagrosamente, a las cosas que todavía no existen: a las cosas como son y a las cosas como podrían ser. Gracias al lenguaje podemos hacer elecciones: podemos rechazar ciertas cosas en nombre de otras, y también podemos hablar y pensar en cosas que deben o pueden venir todavía. Los seres humanos, somos, y no podemos evitar ser, animales «transgresores», «trascendentes». Vivimos por delante del presente. Nuestras representaciones pueden liberarse de los sentidos y adelantarse a ellos. El mundo que habitamos se halla siempre un paso, un kilómetro o un año sideral por delante del mundo que experimentamos. Esa parte del mundo que sobresale de la experiencia vivida es lo que llamamos «ideales». La misión de los ideales

estriba en guiarnos hasta el territorio todavía inexplorado y no cartografiado[12].

En realidad, cuando Eva se encuentra frente al árbol del conocimiento del bien y del mal –ese que no debían tocar si no querían convertirse en mortales– queda verdaderamente asombrada por lo hermoso, deseable y fascinante que es; por lo deliciosos que son sus frutos. Y entonces hace su elección. Y elige la belleza del conocimiento, aunque esto signifique salir y dejar su propia *comfort zone,* con todo lo que ello implica.

Ese fruto, tradicionalmente identificado con la manzana y convertido en símbolo de la tentación, representa la sed de conocimiento de Eva frente al árbol. Por lo que parece, el propio Steve Jobs escogió la manzana como logo de su empresa, Apple, precisamente, porque quería representar el deseo, el saber, la esperanza y un toque de anarquía. Ese fruto es expresión de la belleza que hay que aprender, y, como decía la intelectual y escritora Elie Wiesel,

> hay una belleza divina en el aprendizaje. Aprender significa aceptar que la vida no comienza en mi nacimiento. Ha habido otros aquí antes que yo y yo camino hoy en las hormas de sus zapatos. Los libros que he leído fueron escritos por generaciones de padres e hijos, madres e hijas, maestros y discípulos. Yo soy la

---

12. Z. BAUMAN, *Vidas desperdiciadas,* Paidós, Barcelona 2005, p. 148.

suma total de sus experiencias y de su búsqueda. Y tú lo eres también[13].

Nadie «nace aprendido», y solo aprendiendo podemos crecer y emanciparnos. No es casualidad que el concepto alemán de *Bildung,* es decir de la educación y formación personal, tuviera un papel fundamental en el largo y complejo proceso de integración, de emancipación, y de asimilación de la sociedad hebrea en Centroeuropa en los siglos XVIII y XIX.

La transgresión de Eva y Adán, que prueban el fruto del conocimiento, sugiere la evolución del individuo, el paso fundamental desde la infancia hasta la edad adulta, del desconocimiento a la madurez, y expresa lo importante que es salir de la jaula, por atractiva y tranquilizadora que sea, para entrar en el mundo.

Porque es verdad que tras la expulsión del jardín del Edén estamos destinados a «trabajar la tierra con esfuerzo», pero estamos muy orgullosos de ver los resultados de nuestros esfuerzos; es verdad que parimos con dolor, pero enseguida esto se aparta para dejar espacio a la maravilla de haber engendrado una nueva vida, de tenerla entre los brazos y verla crecer.

Y solo comprendiendo la necesidad de salir del jardín para habitar la realidad conseguiremos comprender de

---

13. Palabras extraídas de un discurso que ofreció en la Universidad de Harvard, disponible online.

verdad la belleza de nuestro mundo, evitando remordi-
mientos pueriles.

En el aire vibran todavía las últimas notas de la canción, repletas de sugerencias y reflexiones, cuando se
apaga el foco sobre el artista y, tras unos instantes de oscuridad y de silencio, la orquesta vuelve de nuevo a tocar
y el escenario se ve inundado de una lluvia de colores y
de imágenes, como en una exposición inmersiva.

Los espectadores quedan abrumados ante la belleza
del jardín, que no es una imagen de un mundo irreme-
diablemente perdido, sino espacio de vida que expresa
la fuerza de la creatividad de la naturaleza y al mismo
tiempo el ingenio y el trabajo del hombre, o, mejor, la
«revolución agrícola» posterior al Edén, como diría el
historiador israelí Yuval Noah Harari.

El jardín, «el más puro de los placeres humanos» según
Francis Bacon, «feliz heterotopia» para Michel Foucault
–que veía en aquel lugar rasgos espaciales y simbólicos
muy intensos–, herbario selvático de curiosidades bíblicas para el escritor Meir Shalev o lugar de memoria histórica para David Grossman, es un espacio idóneo para
conocer (¿quizá gracias al ejemplo de Eva?), reflexionar
y filosofar desde siempre, desde los epicúreos hasta Gott-
fried Wilhelm von Leibniz, a quien, en el jardín barroco
de Herrenhausen, le gustaba contemplar la variedad de
las formas y los juegos del agua.

Es también un espacio dotado de lenguaje, como parece deducirse del interesante trabajo de Gilles Clément, biólogo y paisajista, que escribe:

Mi proyecto no consistía en construir una casa con un jardín a su alrededor. Sino más bien lo contrario: vivir en un jardín. Mi vida de jardinero comienza aquí, y aquí prosigue y se renueva constantemente. Por eso he tratado de entrar en diálogo con la naturaleza. Antes de tocar nada quería comprender, al menos un poco, lo que ocurría ante mis ojos y se me escapaba casi por completo. Tenemos un conocimiento limitado de la diversidad y una noción casi inexistente de la especificidad comportamental de los elementos que se mueven dentro de esa diversidad. No estamos más que en los primeros balbuceos en el redescubrimiento de esa naturaleza que tan familiar fue para nuestros antepasados y que se ha vuelto completamente hermética. Por eso guardé el mayor silencio posible. Era como un invitado que no quería perturbar a sus anfitriones. Estaba de visita entre las plantas y los animales[14].

En realidad, la idea de un lenguaje de las plantas no es una idea específica de Clément, y tampoco el capricho de una señora linda y un poco extraña que cada día dedica su tiempo a charlar con sus orquídeas. Como cuenta Kakuzo Okakura en su famoso *Libro del té,*

---

14. Texto de presentación de su libro, disponible en https://www.quodlibet.it/libro/9788822907592.

Tao Yuanming se sentaba delante del bambú para conversar con los crisantemos selváticos y Lin Ho Ching se sumergía en la misteriosa fragancia mientras deambulaba al atardecer entre los ciruelos en flor del lago oeste. Se dice que Chou-mou-shu se durmió en una barca para que sus sueños pudieran mezclarse con los sueños del loto[15].

Las plantas hablan en la Biblia, elevan sus alabanzas a Dios en esa joya poética que es el *Perek Shira*[16], oran con los seres humanos, según el rabí hasídico Najman de Breslev[17] y en la actualidad muchos naturalistas sostienen que es importante hablar a los árboles, plantas y flores, porque mejora su crecimiento y produce bienestar en quien lo hace.

---

15. K. OKAKURA, *The book of tea,* Penguin Random House UK, 2016, p. 92. (trad. esp.: *Libro del té*, Kairós, 1978).

16. El *Perek Shira* («Capítulo del canto») es una auténtica celebración de la naturaleza y del universo; y no solo el hombre, sino todos y cada uno de los elementos de la creación, desde el mundo inanimado hasta las plantas y los animales, entonan un canto de agradecimiento, es decir, una oración. Algunos rabinos, como Moses Ben Joseph de Trani, han atribuido esta composición a David, pero el experto israelí Malachi Beit-Arié afirma que fue escrito en el siglo III d.C.; para la mayoría de los expertos se trata de un texto medieval, transmitido entre otros cientos de manuscritos e impreso por primera vez en Venecia en 1576.

17. El pensamiento del rabí Najmán de Breslav respecto a la relación con la naturaleza está contenido en varios pasajes de sus escritos. Para la idea de la *sijá* («conversación») y de la oración, puede verse, por ejemplo, *Likutei Moharán,* segunda parte, 25,1. El texto está disponible en www.sefaria.org.

Un grupo de investigadores de la Universidad de Tel Aviv trató de escuchar algunas especies vegetales instalando micrófonos de última generación en ambientes totalmente insonorizados, y efectivamente fue posible grabar varios sonidos, que a continuación fueron procesados por un software para que el oído humano pudiese escucharlos[18].

Qué curiosa es la historia. Varios siglos antes, quizá precisamente en Eretz Israel, cuando aún no existía Tel Aviv, un maestro escribía: «Cuando un árbol frutal se tala, su grito va de un lado a otro del mundo, pero no se escucha su voz»[19].

Por eso Gilles Clément se introduce de manera original en una larga tradición de épocas y sociedades diferentes, e imagina la figura del filósofo-jardinero que entra en diálogo con la naturaleza y observa la red de relaciones de los seres vivos, plantas y animales, para comprender sus mecanismos de comportamiento; esta figura está en contraposición con la del diseñador, un proyectista demasiado preocupado por la estética y el arte y, por tanto, temerario a la hora de introducir elementos ajenos al sistema natural.

---

18. Los sonidos que emiten las plantas tienen una frecuencia comprendida entre los 20 y los 100 kHz, por lo que el oído humano no puede percibirlos.

19. *Pirke de Rabbi Eliezer,* 34,4, en www.sefaria.org.

Todo buen jardinero debería poder «Hacer todo lo posible "con" y lo menos posible "contra"», como reza el célebre eslogan de Clément, y recordar estas palabras puede ayudarnos a desarrollar una mirada diferente sobre la naturaleza, y sobre todo sobre el jardín, ese microcosmos que, a excepción del jardín del Edén, ejerce sobre nosotros una fascinación verdaderamente particular. Como dice el paisajista: «El jardín parece el único territorio de encuentro entre el hombre y la naturaleza donde está permitido soñar».

Y mientras se suceden las imágenes de jardines reales de todos los lugares del mundo, desde Keukenhof en Países Bajos, repleto de tulipanes, hasta el Palacio de Versalles y el Miracle Garden de Dubai, y los espectadores se maravillan ante la explosión de verdor, frondosidad y colores, la perfección simétrica y el orden, las teorías de Clément les sugieren una pregunta: «¿Cuánta belleza podemos captar en la naturaleza que no se exprese a través de la geometría y la "limpieza"?».

En un instante, todos los espacios del escenario se tiñen de rosa y blanco. Es el milagro del *hanami,* la floración de los cerezos en Japón. Y un actor lee:

Rikiu estaba observando a su hijo Shoan (Sen Doan) mientras barría y regaba el sendero del jardín.

–No está lo suficientemente limpio –le dijo Rikiu cuando Shoan hubo terminado. Y le pidió que lo hiciera de nuevo.

Una hora después, el hijo, muy cansado, dijo:

–Padre, ya no hay nada más que hacer. He lavado por tercera vez los escalones, he irrigado con agua los farolillos de piedra y los árboles, el musgo y los líquenes brillan exuberantes; no he dejado ni una ramita ni una hoja en el suelo.

–Joven necio –le reprendió el maestro del té–, esa no es forma de barrer un *roji*.

Tras decir esto, Rikiu entró en el jardín, sacudió un árbol y distribuyó por el suelo hojas doradas y encarnadas, como fragmentos de un brocado de otoño. Rikiu no estaba pidiendo solo limpieza, sino también lo bello y lo natural[20].

Esa idea de naturaleza, de respeto del hábitat y de los tiempos y las estaciones, que ha modelado los usos y costumbres de los grandes maestros de Oriente, vive hoy en las teorías de la «permacultura», término acuñado en los años setenta por Bill Mollison y David Holmgren para definir un sistema de planificación del territorio que integra armoniosamente al hombre con el ambiente y sus elementos, en el respeto de cada uno de ellos. El punto de partida es el siguiente: no somos nosotros quienes debemos modificar y modelar a nuestro gusto la naturaleza para que parezca bella, porque ya lo es. Bill Mollison

---

20. K. Okakura, *The book of tea*, o.c., pp. 60-61. (trad. esp.: *Libro del té*, Kairós, 1978).

explica que si los buenos sistemas están llenos de vida también están repletos de belleza porque en ellos ocurren cosas que jamás se podrían planificar.

Nadie dice que lo *bello* deba coincidir con lo *cuidado* y *cultivado*. También lo que es aparentemente desordenado y «selvático» puede ser muy bello, y lo palpamos cada vez que caminamos por la montaña y quedamos maravillados de las praderas salpicadas de florecillas de vivos colores, que están a años luz de los parterres de los palacios que hemos citado antes.

Pero la naturaleza no es solo belleza y poesía, sino también temor y agitación: desde el inicio de los tiempos, los terremotos, los huracanes, los maremotos, los ciclones, los aludes, las erupciones volcánicas, los incendios y las epidemias han caracterizado nuestra historia y han impregnado nuestra existencia.

Porque, en realidad, hemos dejado el Jardín del Edén y no estamos en el País de las Maravillas, sino en un mundo real donde vivir. En un proceso que no deja de generar formas nuevas, en una naturaleza que se transforma también gracias a los viajes de exploración, a los choques culturales, a las depredaciones y vínculos interculturales[21].

---

21. Cf A. Favole, *Vie di fuga. Otto passi per uscire dalla propria cultura*, UTET, Milán 2018.

El jardín, símbolo de un lugar primigenio al que nos sentimos inescindiblemente vinculados, es uno de los espacios en los que tenemos el privilegio de encontrar ese sentimiento de asombro que mostraban los antiguos ante la naturaleza y la belleza. En la mente toma forma la imagen creada por el filósofo Gaston Bachelard y pensamos de inmediato que al principio era la *rêverie*...

Escena 2

Pan

Campos de trigo, como en un cuadro de van Gogh. Extensiones de oro, como en la canción de Sting:

Prometo que en los días que quedan
caminaremos en campos de oro.
Han pasado muchos años desde aquel día de verano
entre los campos de cebada.
Me recordarás cuando el viento
del oeste se mueva
sobre los campos de cebada.
Puedes hablarle al sol en su celoso cielo
de cuando caminábamos
en los campos de oro[22].

El escenario está repleto de espigas de trigo que ondean al viento y una voz en *off* declama los versos del poeta israelí de origen iraquí Ronny Someck:

---

22. La canción *Fields of Gold* se publicó en el álbum *Ten Summoner's Tales* (1993).

Un campo de trigo ondea
en la cabeza de mi mujer
y en la de mi hija.
Parece una bobada describir así el rubio,
y sin embargo allí crece
el pan de mi vida[23].

La belleza de un campo de trigo se traduce en pan y en los afectos más queridos. También la artista italiana Noemí canta: «Los sentimientos son trigo, / son el pan cotidiano».

Porque el pan sabe a hogar, a memorias familiares y momentos compartidos, y su intenso valor simbólico lo ha consagrado como el alimento por excelencia del hombre.

En Bilancino, en Mugello, durante una excavación arqueológica que se realizó a mediados de los años noventa, se encontraron restos de harina que se remontaban a hace treinta mil años, una piedra de moler y un mortero sobre el que quedaban todavía granos de almidón y un horno para cocinar. Los arqueólogos prepararon tortas con la enea, la planta cuyos restos habían encontrado, y las cocieron en un horno reconstruido según el modelo

23. R. Someck, «Grano», en S. Kaminski (ed.), Il bambino balbuciente, traducción de S. Kaminski – M. T. Milano, Mesogea, Messina 2008, p. 95. (En castellano puede verse una traducción en la revista La Otra, en https://www.laotrarevista.com/2018/10/el-ojo-de-la-ballena-ronny-someck/).

encontrado en la excavación y las encontraron muy agradables al gusto.

El pan, como producto obtenido a partir del molido de cereales y su posterior cocción, está, pues, presente en toda su forma y consistencia en la vida de los seres humanos desde tiempos inmemoriales.

En el escenario, en el amarillo intenso de las espigas, una actriz lee la narración de la arqueobotánica Amaia Arranz Otaegui, profesora en la Universidad de Copenhague, que en 2018 redactó el informe sobre el hallazgo de alimento en Wadi Rum, en Jordania.

La presencia de centenares de restos de comida carbonizada en los hornos de Shubayqa 1 es un hallazgo excepcional y nos ha dado la posibilidad de determinar las prácticas alimentarias de hace 14.000 años. Ahora sabemos que mucho antes del desarrollo de la agricultura, los seres humanos ya elaboraban productos alimenticios muy similares al pan. Puede que el pan haya contribuido a la revolución agrícola del Neolítico. El pan que se producía en el Epipaleolítico se elaboraba con cereales cultivados y tubérculos de junco. He probado los tubérculos que se usaban entonces y eran un poco dulces y un poco salados, con una textura arenosa, pero quizás esto se debiera a que no los limpiamos lo suficiente. Evidentemente, los alimentos a base de cereales eran difíciles de producir, y puede que los cazadores-recolectores los consideraran comidas de lujo, que servían para impresionar a los invitados y garantizar el prestigio de los anfitriones. Me encantaría poder colaborar con algunos chefs modernos para intentar recrear la antigua receta. El pan es un alimento básico realmente esencial, pero también tiene un lugar relevante en la cultura contemporánea y tiene vínculos con la religión y con ceremonias importantes. Encontrar este vínculo con el pasado y con nuestros antepasados no era algo que esperásemos, pero fue, indudablemente, una grata sorpresa[24].

Fue realmente una hermosa sorpresa descubrir lo antiguo que es el consumo de un alimento tan sencillo que representa la evolución de costumbres alimentarias y, por tanto, también del estilo de vida, y que pone de relieve sus diferentes matices sociales y simbólicos, su importancia cultural, que ya estaba atestiguada en la *Epopeya de Gilgamesh*. Los primeros panes se parecían a tortas planas, y quién sabe cómo se introdujo la levadura. Hay muchos que opinan que fue fruto de una afortunada casualidad, cuando por error se mezclaron en Egipto, por primera vez, cerveza y harina en el mismo plato. Pero hay una leyenda particularmente curiosa y sugerente, que se cuenta en varias versiones en toda la cuenca del

---

24. Texto adaptado de la entrevista a Amaia Arranz Otaegui publicada en T. QIBLAWI – J. CHRISTENSEN, *Remains of Bread Baked 14,400 Years Ago Found in Jordan*, 17th July 2018, edition.cnn.com/2018/07/17/health/bread-jordan-desert-intl/index.html.

Mediterráneo, según la cual fue la joven María, futura madre de Jesús, quien le robó el secreto a la sibila.

En la noche de los tiempos el pan era duro, diríamos que era ácimo. La única persona que tenía el secreto de la fermentación era la sibila, que, al ser muy sabia, era también maestra de escuela; entre sus alumnos estaba María. María era una niña muy despierta, y un día vio que el pan de la sibila era precioso, hinchado, alto, mientras que el que elaboraba su madre, Ana, siempre era bajo, no era bonito y tenía un aspecto poco apetitoso. Un día espió a su maestra y descubrió que cogía una bolita de una sustancia y la incorporaba a la masa. Entendió que aquel era su secreto y por eso un día, aprovechando una distracción de la sibila, robó un trocito de aquella bola y se lo escondió bajo el brazo. Según la leyenda, desde aquel día las axilas de los seres humanos están huecas. María regresó a casa y le dio la levadura a Ana, y el pan de los seres humanos se hinchó y se volvió rico y aromático. María enseñó a Ana, la niña enseña a la madre. Su hurto fue al mismo tiempo un don, es un tomar que da[25].

La levadura asume la función del don, y lo cierto es que durante un tiempo las personas se la pasaban de mano en mano, con la intención de mantenerla siempre activa y operante. Es interesante que haya una variedad

---

25. De la conferencia de M. NIOLA, *Cibo, l'arcano del dono,* que ofreció el 27 de mayo de 2012 durante los Dialoghi di Pistoia.

denominada «levadura madre», como para subrayar su poder engendrador.

El proceso de fermentación transformó el sabor y la historia del pan: tuvo origen en Egipto y llegó a Grecia, y luego alcanzó Roma y se extendió por toda la cuenca del Mediterráneo, donde cobró diferentes significados, haciendo que el pan se convirtiera en protagonista de mitos y religiones.

Este alimento sencillo y bueno, que marca las etapas y las transformaciones de la historia de la humanidad, ha conseguido resistir imperturbable la guerra a los carbohidratos y sigue siendo esencial en nuestra vida, porque suscita fascinación y curiosidad: los sabores y las formas que adopta dicen mucho de nosotros, de nuestra cultura y de nuestras costumbres.

A lo largo de los siglos el pan ha asumido un papel también en el ámbito de lo sagrado, donde se ha convertido en símbolo de muchas tradiciones religiosas y ha marcado las etapas del ciclo de la tierra y de la vida, también en el calendario litúrgico.

Cuando llega *Pesach*, la pascua, los hebreos consumen durante ocho días panes ácimos, para rememorar la huida de la esclavitud, cuando, en la noche del 15 de Nisán, el pueblo partió siguiendo a su líder, Moisés, persiguiendo el sueño de la libertad –un sueño sostenido por la esperanza de una nueva vida en una nueva tierra–; y era tal la prisa que no tuvieron tiempo de dejar que el pan fermentara.

Siglos antes, el patriarca Abrahán acogió, junto al encinar de Mambré, a tres extranjeros que llevaban el mensaje de la promesa y les ofreció pan, amasado y cocido por su mujer, Sara.

Y la imagen que vincula el pan al alegre anuncio del cumplimiento de la alianza con Dios regresará con el también alegre anuncio de la «buena nueva», custodiada y transmitida por los Evangelios, donde el término «pan» se repite cuarenta y una veces, y que, como alimento, don y señal de acogida, se hará también Palabra.

«Danos hoy nuestro pan de cada día», recita la antigua oración hebrea que Jesús repite a sus discípulos: una oración que une el pan y el Padre, que son, ambos, imágenes de cuidado y sostén. A partir de ese momento este alimento será con frecuencia símbolo de unión y de supervivencia (no solo física) de un grupo social, y se convertirá, por tanto, en portador de un mensaje evangélico y político.

«Danos hoy nuestro pan de cada día», repetían los discípulos del Maestro, es decir, un alimento que compartir con cualquiera en las comidas en los que se sentaban mezclados justos y pecadores, personas con discapacidad o enfermedades, gente rica y pobres marginados; ese alimento con el que Jesús, un día cualquiera, sació el hambre de cinco mil personas reunidas en Betsaida, en Galilea, a las orillas del lago de Tiberíades.

El relato del milagro, más allá de todo discurso de fe, contiene una profunda verdad: la vida no funciona como las matemáticas, y el milagro radica en el hecho de que compartir es siempre multiplicar, porque repartir bienes, emociones, saberes y conocimiento es una transmisión de dones que actúa y hace crecer. Precisamente como la levadura.

Compartir el pan es una de las experiencias bonitas de la vida, en cualquier ocasión, porque es fiesta, calor, es un sabor antiguo que pertenece a todos y que cuenta las historias más increíbles, conectándonos a culturas diferentes, geografías diferentes: la *challa* hebrea trenzada, que se consume en las cenas del *shabbat* y que se vende hoy en todas las panaderías polacas como producto típico, recuerda la doble ración de maná que caía todos los viernes durante la travesía en el desierto; los canastos de Cerdeña llenos de panes que se regalaban a la familia de un difunto en el tercer aniversario de su muerte; la *fugassa* veneciana, en la que se escondía el anillo de compromiso; los panes en forma de cruz para evitar que los espíritus malignos pudieran sentarse encima; los *brezel* alemanes, que quizá sean una imagen céltica o panes para la Cuaresma, y que hoy son los indiscutibles protagonistas de las fiestas de la cerveza y a menudo se rellenan con generosas capas de mantequilla; los panes de los muertos, con los que se daba la bienvenida a las almas de los difuntos; los *bagel* que los judíos polacos importaron a Estados Unidos durante los años de la gran emigración, símbolo de la vida y augurio de buena suerte; el pan don de Alá, que nunca puede tirarse ni desperdiciarse; el *mantou* chino, que recuerda las hazañas épicas del estratega chino Zhuge Liang; los panes espolvoreados con sal, símbolo de prosperidad y hospitalidad.

Todos habían tomado asiento en las sillas y en el sofá [...]. El doctor Grabow [...] contemplaba los múltiples bizcochos, panes de pasas y saleritos de diversas formas expuestos sobre la mesa. Simbolizaban «el pan y la sal» que la familia había recibido de amigos y parientes como regalo por el cambio de casa. Sin embargo, debía quedar bien claro que tales ofrendas no procedían de familias precisamente modestas, el pan venía en forma de repostería muy especiada y consistente y la sal en recipientes de oro macizo[26].

Hay tantas historias como recetas, y cada cual puede sumirse en las formas y sabores del pan para descubrir matices de belleza y de alegría, a veces para experimentar asombro, otras por el placer del gusto, otras incluso para soñar, porque, como decía Italo Calvino, «la fantasía

---

26. T. MANN, *Los Buddenbrook*, Edhasa, Barcelona 2008, p. 14.

es como la mermelada: hay que extenderla en una rebanada sólida de pan».

En momentos especiales se busca consuelo y, por lo que sabemos, la ciencia no ha conseguido todavía encontrar un remedio a la tristeza que sea tan eficaz como compartir pan con chocolate con un amigo. Parece una bobada, pero comer con alguien esta delicia significar compartir el peso que se lleva en el corazón, y la presencia del otro se convierte en bendición.

El pan en compañía es una belleza que saborear, que representa acogida, alegría y consuelo, pero también espacio de recuerdos familiares en las recetas transmitidas de generación en generación, porque desde los tiempos de la Biblia, el alimento ha tenido siempre un gran poder y un valor simbólico muy fuerte en la historia de las personas (sobre todo de las mujeres), y la cocina ha seguido los acontecimientos de la vida, ha visto el paso sucesivo de las generaciones y ha protegido la transmisión de tradiciones y recuerdos[27]. Y el pan, en particular, custodia los sabores de la familia y, por consiguiente, las costumbres, las historias, pero también la concreta ritualidad que es reflejo de nuestra «pertenencia», como dice la escritora e investigadora Tzila Zan-Bar Tzur:

---

27. Cf M. T. Milano, *La voce è tutto. Mosaico di donne nel mondo ebraico*, Effatà, Cantalupa (Turín) 2017.

Durante mi infancia en Israel viví con mi abuela y con mi abuelo, judíos emigrantes de Afganistán. Todas las mañanas mi abuela preparaba el pan y lo servía en la mesa diciendo *Nene mesl-e nān* (La madre es como el pan). A menudo cambiaba el orden de las palabras, diciendo *Nān mesl-e nene* (El pan es como la madre). Una vez servido el pan, mi abuela me pedía que le contara los sueños que había tenido la noche anterior. Si eran sueños agradables, participábamos en el ritual de lavarnos las manos y comer el pan, después de haber pronunciado la tradicional bendición judía «Bendito seas, Señor, Dios nuestro, que haces nacer el pan de la tierra»; si eran sueños malos, salíamos al balcón desmenuzábamos el pan y lo esparcíamos para los pájaros[28].

Las historias familiares que saben a infancia, a crecimiento y a hogar se entrelazan con frecuencia con la gran historia, la heredada, y con la que a veces nos vemos obligados a enfrentarnos, muy a nuestro pesar; una historia en la que permanece muy vivo el sentido de la presencia y la ausencia del pan, en los tiempos oscuros de los conflictos sociales, las hambrunas y las guerras, y la experiencia de su falta se transmite de una generación a

---

28. T. ZAN–BAR TSUR, *Nene Mesl-e Nān – 'Mother is Like Bread': The Perception of Motherhood and Folklore Expressions among the Jews of Afghanistan,* en M. LEHMAN – J. L. KANAREK – S. J. BRONNER (eds.), *Mothers in the Jewish Cultural Imagination (Jewish Cultural Studies*, vol. 5), Liverpool University Press, The Littman Library of Jewish Civilization, Liverpool 2017 (edición digital: Liverpool Scholarship Online, 25 de febrero de 2021), p. 28.

otra para que quede grabada, como advertencia de lo que realmente significa «estar sin pan».

La orquesta toca y una voz en *off* lee un fragmento de la escritora alemana Helena Janeczek, hija de dos judíos polacos que sobrevivieron a la Shoá:

Ya desde hace un tiempo me gustaría saber otra cosa. Me gustaría saber si es posible transmitir conocimientos y experiencias no con la leche materna, sino incluso antes, a través del líquido de la placenta o no sé cómo, porque la leche de mi madre yo no la tuve, pero sí tuve, en cambio, un hambre atávica, un hambre de muerto de hambre, que ella ya no tiene. Me estoy refiriendo a un hambre particular y claramente neurótica que se me desencadena en ciertos momentos ante un pedazo de pan, pan de cualquier tipo, bueno, malo, fresco, gomoso, seco. Llego incluso a mordisquear trozos de pan duro, no tiro ni siquiera un poquito, e incluso recojo las migas del mantel para comérmelas. Sufro una ligera bulimia de pan, razón principal, y quizá única, de mi abundancia física que mi madre suele criticar tanto. Pero aun sin excesos incontrolables, siempre tengo que comerme todo el pan que tengo en la mesa. Ella me enseñó que el pan es sagrado, que cuando ve un trozo de pan en la calle, lo recoge y lo coloca en algún lugar elevado, para no dejarlo ahí, en el suelo. He aprendido demasiado bien la lección, quizá se trate únicamente de eso[29].

---

29. H. Janeczek, *Lezioni di tenebra*, Guanda, Parma 2011, p. 10.

54

Ha finalizado el primer acto. Se cierra el telón. Entre las filas pasan silenciosamente los acomodadores para repartir a cada uno de los espectadores una espiga de trigo y un papel enrollado sujeto con un lacito, sobre el que hay escrito un mensaje de esperanza, firmado por Pablo Neruda:

> Del mar y de la tierra
> haremos pan,
> plantaremos de trigo
> la tierra y los planetas,
> el pan de cada boca,
> de cada hombre,
> en cada día,
> llegará porque fuimos
> a sembrarlo
> y a hacerlo.
> No para un hombre, sino
> para todos,
> el pan, el pan
> para todos los pueblos
> y con él lo que tiene
> forma y sabor de pan
> repartiremos:
> la tierra,
> la belleza,
> el amor,
> todo eso
> tiene sabor de pan[30].

30. P. NERUDA, *Oda al pan,* en *Odas elementales,* Bruguera, Barcelona 1984⁵, p. 191.

Acto Segundo

Escena 1
Tiempo

El telón se abre mostrando ocho cantantes, colocados en un amplio semicírculo. En la escena vacía, acompañados de la orquesta, interpretan *Seasons of Love,* la pieza que da comienzo al segundo acto del musical *Rent*.

525.600 minutos
525.600 momentos tan preciosos
¿Cómo se mide un año?
En días de sol, en atardeceres,
en medianoches, en tazas de café,
en centímetros, en kilómetros,
en risas, en peleas,
en 525.600 minutos.
¿Cómo se mide un año en una vida?
525.600 minutos
¿Cómo puede medirse la vida de una mujer o de un hombre?[31].

¿Cómo se mide el tiempo?

---

31. Musical inspirado en *La Bohème,* de Giacomo Puccini, y producido en 1996. Música y escenografía de Jonathan Larson.

En la obertura de la obra los espectadores han visto que en el momento de la creación fue el mismo Dios quien reguló la división y el cómputo del tiempo, colocando las luces en la bóveda celeste para separar el día de la noche, como si fueran señales, marcadores de tiempos estables, días y años. La ópera misma está dividida también en días precisos cuya duración está regulada por el alternarse de tardes y mañanas y está señalada por un número[32].

En el momento de la redacción del texto del Génesis, el tiempo ya había sido estudiado y hubo intentos de estructuración, primero de una manera que podríamos denominar «macroscópica», es decir, con la elaboración de un calendario basado en los ciclos de la vida agrícola, y luego con la división en semanas en la Mesopotamia de Hammurabi (siglo XVIII a.C.), la división del día en 24 horas, de las horas en 60 minutos y del minuto en 60 segundos entre los caldeos y asirio-babilónicos (siglo VIII a.C.), y poco a poco con la creación de calendarios más estructurados: hebreo (entre los siglos VII y

---

32. Gen 1. El primer día en realidad se llama día uno, mientras los demás son segundo, tercero, etc., hasta el sexto. El séptimo, que es diferente, es *shabbat*. Sobre esto, cf *Obertura* en este libro. Todavía hoy, en hebreo, los días de la semana mantienen la expresión bíblica, excepto el *día uno* (domingo), que por coherencia se ha convertido en *primer día.*

VI a.C.), juliano (siglo I a.C.)[33], persa (siglo XI d.C.), gregoriano (siglo XVI d.C.).

Pero ¿cómo se medía el tiempo?

Al principio fue la meridiana, y parece que la más antigua de todas fue la egipcia, que puede datarse en el año 1.500 a.c.; luego llegó la clepsidra, también en Egipto, quizá por primera vez en tiempos del faraón Amenofis III, entre 1390 y 1355 a.c. En el siglo III a.c. el científico Ctesibio inventó un reloj de agua construyendo un artilugio con recipientes, pistones y ruedas dentadas; hacia mediados del siglo II a.c. la clepsidra de agua fue sustituida por la portátil, llena de arena, más precisa porque no estaba sujeta a las variaciones de temperatura.

Hacia finales del Medievo, en la ciudades, campaniles y torres se adornaron con relojes, que, además de ser en algunos casos auténticas obras de arte, eran un instrumento indispensable para la regulación común del tiempo en los principales lugares comerciales. Pero la espectacular entrada en escena del reloj y su difusión coincidió con la revolución industrial: la producción sufrió una aceleración que llegó hasta la de los smartwatches de última generación.

---

33. Según la mitología, lo inventó el propio Rómulo con ocasión de la fundación de Roma.

El hecho de que el hombre haya conseguido atribuir un valor numérico al tiempo a lo largo de los siglos, obteniendo resultados brillantes y una precisión cada vez mayor, no significa, sin embargo, que haya comprendido del todo qué es y cómo es posible medirlo, más allá de las convenciones y de las fórmulas.

Aristóteles, el primero en hacerse la pregunta, concluyó que el tiempo podía definirse como «la medida del cambio»: partiendo de la idea de que todo está sujeto a un constante cambio, consideró que el tiempo era un instrumento útil para «contar» el cambio. Varios siglos después Isaac Newton se expresó diciendo exactamente lo contrario, explicando que existe un tiempo que mide los días y los movimientos, pero que hay otro, el que transcurre independientemente de las cosas y de los acontecimientos: por lo tanto, incluso cuando –por absurdo que parezca– todo se petrificara o congelara, el tiempo seguiría transcurriendo sin (por así decir) que esto le afectara ni lo más mínimo.

La idea de Newton caló hasta tal punto en nuestro pensamiento que nos parece absolutamente natural imaginar un tiempo que transcurre independientemente de la determinación de un espacio, de un movimiento, de un acontecimiento cualquiera. Como cantaba Jovanotti: «Pase lo que pase, el tiempo pasa».

En realidad, no es exactamente así, como ha demostrado claramente la física con las leyes de la relatividad de Einstein, según el cual el tiempo no es absoluto e independiente del sistema de referencia con el que se mide, sino que, al contrario, depende precisamente de él. El intervalo temporal relativo a dos acontecimientos tiene una duración diferente según el sistema de referencia con el que se mide, y también la fuerza gravitatoria influye sobre su medición.

Precisamente cuando el espectador está a punto de poner un pie en las teorías de la entropía y de la física cuántica, la orquesta se detiene. En el escenario, desierto, nada se mueve. Lentamente se encienden las luces y aparece la figura de un hombre. Lleva pantalones negros y polo, tiene los cabellos blancos, un poco rebeldes, y una bellísima sonrisa.

Desde el foso de orquesta se oye el *tic tac* acompasado de un metrónomo, luego dan comienzo las primeras notas del SAT *(Time)*, la popular canción balcánica en la icónica versión de la Boban Marković Orkestar.

El hombre bajo los focos, que se llama Carlo Rovelli y es físico de profesión, comienza a narrar:

Si colocamos un reloj atómico abajo y otro arriba, observaremos que el de abajo marca menos tiempo que el de arriba. ¿Cuál es el correcto? No hay uno solo que sea correcto, hay muchos, uno para cada punto del espacio; todos son correctos en el punto del espacio en el que se encuentran. Y no es solo que no exista un tiempo común en diferentes lugares, sino que tampoco hay un tiempo único en un solo lugar. La duración está asociada únicamente al movimiento de algo, a un recorrido dado.

La idea de que existe un ahora bien definido en todas partes del universo es una quimera, es como el lugar donde el arcoíris se encuentra con el bosque: parece que lo vemos, pero si nos acercamos para mirar no está.

Sin embargo, la ausencia de la cantidad «tiempo» en las ecuaciones fundamentales no implica un mundo congelado e inmóvil. Al contrario, significa un mundo donde el cambio es ubicuo, sin que esté ordenado por el Padre Tiempo: sin que los innumerables acontecimientos se dispongan necesariamente en el orden bonito ni a lo largo de la única línea del tiempo newtoniana ni de acuerdo con las elegantes geometrías de Einstein. Los acontecimientos del mundo no se colocan en fila, como los ingleses. Se amontonan caóticamente, como los italianos.

Podemos pensar que el mundo está hecho de cosas. De sustancia. De entes. De algo que existe. Que permanece. O pensar que el mundo está hecho de acontecimientos. De procesos. De algo que sucede. Que no dura, que está en una constante transformación. Que no permanece en el tiempo. La destrucción de la noción del tiempo en la física fundamental es el colapso de la primera de estas dos perspectivas, no de la segunda. Es el cumplimiento de la ubicuidad de la transitoriedad, no de la estaticidad de un tiempo inmóvil. Y al final, en vez de muchos tiempos posibles, podríamos hablar de un solo tiempo: el tiempo de nuestra experiencia: uniforme, universal, ordenado. Esta es la aproximación a una aproximación de una descripción del mundo desde la perspectiva particular de nosotros mismos, seres que se alimentan de la entropía y que están anclados en el transcurrir del tiempo[34].

Mientras el científico se aleja, sobre el fondo se proyecta la imagen de una obra de 1931 de Salvador Dalí, La *persistencia de la memoria*, más comúnmente conocida por su título original, *Los relojes blandos*, representación de la fluidez del tiempo y de su aspecto mutable y resbaladizo.

En ese momento, las teorías de Einstein eran *relativamente* recientes, pero ya conocidas a nivel mundial, y Dalí estaba particularmente interesado en el concepto de la percepción subjetiva del tiempo desarrollado por el filósofo Henri Bergson. La simbología, figura estilística del surrealismo, hizo el resto, pero la chispa desde la que nació la inspiración fue la simple observación, al final de una cena, de un trozo de queso camembert que

---

34. Cf C. ROVELLI, *L'ordine del tempo*, Adelphi, Milán 2017.

había quedado sobre la mesa. El artista, impresionado por lo que luego definiría como «hiperblandura del queso», comenzó a reflexionar sobre la fluidez del tiempo, y la ciencia y la filosofía se tiñeron con los colores de la pintura.

El tiempo es relativo, y se puede medir gracias a una estandarización que no se percata de su verdadera naturaleza, y además la ciencia nos dice que el *ahora* no existe, o que al menos no es idéntico en dos puntos diferentes del espacio.

Esta cuestión nos desconcierta un poco, pero se nos revela en todo su esplendor: nos hace mirar el mundo con otros ojos, con una curiosidad que se alimenta de los nuevos descubrimientos y se renueva con ellos. Por otro lado, nos reconforta sentir en nuestra piel la certeza de que tenemos un pasado cuyo recuerdo conservamos, un presente tangible y un futuro que es indeterminado, sí, pero que en cierta medida es «regulable» a través de nuestras decisiones cotidianas. Pero en conjunto, más allá de cuánto profundicemos en las teorías y en las fórmulas, somos perfectamente conscientes de que el tiempo es relativo, aunque solo sea porque nuestra experiencia cotidiana confirma la subjetividad de nuestra percepción.

Miramos a nuestros hijos ahora adultos y, al recordarlos cuando eran recién nacidos, tenemos la sensación un tanto surreal de que ha «pasado un siglo» pero ocurrió «apenas ayer». Los recuerdos fluyen y transcurren, como en esta balada nostálgica de Peter Gabriel:

> Toda hora, todo día
> todo momento que traigamos a la vida
> nunca se desvanecerá.
> Todos los momentos van y vienen
> mientras los recuerdos fluyen y discurren
> y vuelven a sonar, una y otra vez.
> Hay una colina que debemos subir
> entre la niebla del tiempo.
> Todo lo que hemos vivido está aquí.
> Lo estoy bajando,
> lo estoy ordenando,
> para que todo lo que me importa
> quede guardado aquí dentro
> todos los que amo, dentro.
> Todos juegan por el tiempo
> Tú y yo seguimos jugando por el tiempo[35].

La naturaleza fluctuante del tiempo no afecta solo a los recuerdos, sino también al presente que estamos viviendo, porque es evidente que se está burlando de nosotros, dilatándose de manera directamente proporcional al malestar o la dificultad de una situación y, viceversa,

---

35. *Playing for time,* escrito y producido por Peter Gabriel, es un single que se publicó en marzo de 2023.

reduciéndose a un suspiro precisamente cuando más estamos disfrutando.

Y además hay un tiempo peor, el tiempo que falta, nuestro gran drama: el tiempo que falta el día antes de un examen en la universidad, cuando de repente aparecen esos apuntes que habíamos dejado bajo el montón de libros; el tiempo que falta para pasar un día en la playa cuando el trabajo apremia; el tiempo que falta cuando no nos apetece hacer algo; el tiempo que falta a los sentimientos cuando perdemos de vista a quien de verdad importa; el tiempo que falta cuando, por el motivo que sea, debemos afrontar el final de la vida, la nuestra o la de alguien a quien amamos, y que nos causa una profunda herida y tiene el sabor de oportunidades perdidas, de renuncia al futuro y de arrepentimiento por un pasado en el que no encontramos el tiempo para lo que importaba de verdad, o quizá, sencillamente, en el que decidimos no encontrarlo.

Porque el tiempo no solo es relativo, sino que escapa a nuestro control, y con mucha frecuencia presumimos de tener mucho más de lo que se nos ha concedido; y también, muy a menudo, lo gestionamos guiándonos por conceptos culturales y sociales que dan prioridad a ciertos valores en detrimento de otros, por lo general los que de verdad nos harían felices.

Las afirmaciones escondidas en los discursos motivacionales y en los ideales de *empowerment,* como «Primero me dedicaré a mi carrera y luego al amor y a una relación», no tienen nada de real ni de humano, porque no somos nosotros los que decidimos el tiempo del amor y, además, el amor y las relaciones (¿tiempo secundario?) no privan de nada a la carrera (¿tiempo principal?). Más bien al contrario.

Las jerarquías caracterizan las instituciones, pero no las cosas auténticas de la vida, y quizá nunca consigamos captar la verdad del tiempo, nunca sabremos definir con certeza qué es, pero podemos decidir cómo emplearlo. Podemos decidir si vivirlo o sufrirlo, si estar en él de manera activa o permitir que nos tiranice a nuestro pesar.

Cada cosa tiene su tiempo, y hay tiempo para cada cosa, como escribía siglos atrás el sabio Qohélet de la Biblia:

Para todo hay un tiempo y un momento,
para todas las cosas bajo el cielo,
un momento para nacer
un momento para morir
un momento para plantar
un momento para arrancar
un momento para matar
un momento para sanar
un momento para destruir

un momento para construir,
un momento para llorar
un momento para reír
un momento para hacer duelo
un momento para bailar,
un momento para arrojar piedras
un momento para recogerlas
un momento para abrazarse
un momento para refrenarse de hacer algo,
un momento para buscar
un momento para perder
un momento para guardar
un momento para arrojar
un momento para rasgar
un momento para coser
un momento para permanecer en silencio
un momento para hablar
un momento para amar
un momento para odiar
un momento para la guerra
un momento para la paz[36].

Toda cosa tiene su momento, y no solo porque en cada estación se vive algo, sino porque en nuestra vida hay tiempo para todo, y cada instante es oportunidad y elección. Y el «tiempo libre» no es una bocanada de

_____
36. Ecl 3,1-8.

oxígeno para recuperarse de ese otro tiempo «de obligación» que se considera pleno y fructífero solo porque es productivo.

El primero es, la mayoría de las veces, un tesoro y un espacio de florecimiento, como recitan los versos de la poetisa israelí Zelda:

Tenemos un tesoro recóndito
de tiempo libre,
tenue como el aire de la mañana.
Tiempo de cuentos, lágrimas, besos y fiesta.
Tiempo libre de mamá, abuela y tía,
tranquilamente sentadas en un esquife
de luz,
que flota despacio, despacio,
en una lámpara de paz
con la luna
y las estrellas[37].

Nuestra manera de vivir el tiempo refleja lo que somos y cómo hemos decidido estar en el mundo, conscientes de que no podemos preverlo y dominarlo, pero que podemos habitarlo, a partir de nuestros deseos.

Para reducir al mínimo los lamentos.

Para no transformar en *leitmotiv* las palabras «Si pudiera volver atrás».

---

37. ZELDA, *Tempo libero,* traducción de S. Kaminski – M. T. Milano.

Porque perder el tiempo no es perder la productividad, sino la felicidad.

Carlo Rovelli vuelve al centro del escenario unos instantes, y concluye:

Me parece que la vida, esta breve vida, no es más que esto: el clamor continuo de estas emociones, que nos arrastra, que tratamos a veces de encerrar en un nombre de Dios, en una fe política, en un rito que nos tranquiliza garantizándonos que al final todo está en orden, en un amor grandísimo. Y el grito es un clamor hermoso y resplandeciente. A veces es un dolor. A veces es un canto[38].

En torno a él se colocan los coristas del musical *Rent* para retomar la canción donde la habían dejado.

525.600 minutos.
525.600 viajes que planificar.
525.600 minutos.
¿Cómo puede medirse la vida de una mujer
o de un hombre?
En la verdad que ella ha aprendido
o en los momentos en que él ha llorado,
en los puentes que él ha quemado
o en la manera en que ella ha fallecido.

---

38. C. ROVELLI, *L'ordine del tempo*, o.c., p. 178.

Es hora de cantar

aunque no haya llegado el final,

para celebrar, recordar un año en la vida de un amigo.

Recuerda el amor,

mide tu vida

en amor.

Escena 2
Nacimiento

Seasons of Love finaliza, los cantantes se alejan lentamente hacia el camerino, las luces se atenúan, el escenario se oscurece. También la orquesta calla y una voz en *off* lee las palabras de Hannah Arendt para recoger los diferentes hilos que hasta ahora se han entretejido sobre el escenario: el origen, la creación, el tiempo, la vida, la presencia en el mundo.

Dios creó al hombre como una criatura temporal, *homo temporalis;* el tiempo y el hombre fueron creados conjuntamente, y esta temporalidad quedaba afirmada por el hecho de que todos debían su existencia no solo a la multiplicación de la especie, sino al nacimiento, la llegada de una criatura nueva que hace su aparición en medio del *continuum* temporal del mundo en tanto que algo enteramente nuevo. El propósito de la creación del hombre era hacer posible un comienzo[39].

---

39. H. ARENDT, *La vida del espíritu,* Paidós, Barcelona 2002, p. 450.

En el fluir del tiempo, en su absoluta relatividad, hay un momento concreto y único que es el del nacimiento de un individuo, excepcional protagonista de una decisión ajena. Todo ser humano viene de otro lugar, de un vínculo que puede adoptar miles de formas y de matices. Todo ser humano adquiere su forma en otro cuerpo, y durante nueve meses es alimentado a través de un cordón, que se secciona cuando llega al mundo. El nacimiento se caracteriza por una separación, por un corte limpio, del que quedará una huella indeleble inscrita en el cuerpo. El ombligo es la señal visible de que estamos aquí porque alguien nos ha dado la vida[40].

Al recién nacido se le saca de un ambiente cálido y protegido y se encuentra de golpe catapultado a la luz, a otra temperatura, rodeado de sonidos y rumores que ya no están amortiguados. Está expuesto, repentinamente desprotegido, y se le pasa de mano en mano, de la cuna al portabebés del coche. Es un acontecimiento traumático, y es duro abandonar el vientre materno, como cuenta el *midrás*.

Al fin llegó su momento de salir a la luz del mundo. En ese instante salió el ángel y le dijo:

–Ha llegado tu momento de salir a la luz del mundo.

Y él le contestó:

–¿Por qué quieres llevarme fuera, a la luz del mundo?

---

40. Cf M. T. Milano – L. Margaria, *Abitare le parole, o.c.,* pp. 55-58.

El ángel le dijo:

–Hijo mío, sabes que contra tu voluntad fuiste creado, y ahora sabes que contra tu voluntad nacerás, y contra tu voluntad morirás, y contra tu voluntad tendrás que rendir cuentas ante el Rey de reyes, el Santo, bendito sea.

Y él no quiso salir de allí[41].

En el silencio comienza a brotar desde el foso de la orquesta el sonido de un ritmo sencillo y regular y poco a poco van superponiéndose el surdo, el bajo eléctrico y una flauta de bambú, el *shakuhachi,* en un conjunto musical que tiene algo de ancestral. Es la obra del nacimiento compuesta por el percusionista Mickey Hart, que utilizó como base el latido del corazón de su hijo Taro, grabado durante una ecografía prenatal[42].

La música marca el tiempo y sobre el escenario aparecen las obras de Louise Bourgeois, célebre por sus enormes arañas de bronce, símbolo de la procreación. Bourgeois esculpe y pinta el misterio del nacimiento ensamblando imágenes de cordones umbilicales y

---

41. *Midrash Tanchuma, Pekudei* 3,11, en www.sefaria.org.

42. El experimento musical que hizo Mickey Hart en 1993 por el nacimiento de su hijo Taro fue grabado como álbum en 1989 con el título de *Music to be Born By.* La idea de Hart era crear una obra que facilitase y coordinase el ritmo de la respiración antes, durante y después del parto, y que narrase el paso del neonato desde el ambiente acogedor y cálido del vientre materno hasta el mundo externo, compuesto de aire, sonidos, luces, objetos y personas.

partes del cuerpo, carne y sangre, con vistas frontales del parto[43].

Las *guaches* rojas realizadas por Louise Bourgeois en los últimos años de su vida están casi enteramente dedicadas al tema de la madre con el niño, a la gravidez y a la transformación del cuerpo. «Son hojas en las que el líquido de la tinta roja, extendida sobre papel mojado, evoca fluidos corporales, líquido amniótico, elementos simbólicos, imágenes de senos, vientres y partos, y flores, que son también retratos de órganos internos. El relato de la maternidad en Bourgeois no es ni retórico ni empalagoso en absoluto». Es, más bien, «una continua exploración interior en la que se libra la batalla entre el sufrimiento y el perdón de sí misma. Es, sobre todo, el análisis de un arquetipo centrado en la idea de renacimiento»[44].

Nacimiento y renacimiento. Venimos al mundo porque alguien lo ha decidido por nosotros, y nuestra existencia está jalonada de nacimientos: nuestros hijos, los hijos de nuestros hijos, los hijos de las personas que nos

---

43. En 2024 Italia conmemoró la extraordinaria obra de Louise Bourgeois con la muestra *Do Not Abandon Me* (Museo del Novecento, Milán), *L'inconscio della memoria* (Galleria Borghese, Roma), *Louise Bourgeois. Rare Language* (Galleria Studio Trisorio, Nápoles), y con dos exposiciones: *Cell XVIII (Portrait),* en el Museo degli Innocenti de Florencia, y *No Exit,* en Villa Medici, Roma.

44. M. Piccioni, *Grand Tour di Louise Bourgeois,* en *Doppiozero,* 1 de julio de 2024 (online).

rodean. Vivimos el vínculo natural e imprescindible entre los dolores del parto y la alegría de la nueva vida que va tomando forma.

Nos cansamos hablando sobre el parto, adoptando una u otra corriente de pensamiento, oscilando entre quien defiende el regreso a la pura naturaleza y resta valor al dolor físico porque «forma parte de la vida, como sabemos desde la expulsión del Jardín del Edén», hay quien querría un paso indoloro y es acusado de medicalizar el acontecimiento más natural de la vida, y hay quien trata de afrontar ese momento tan único y especial de la mejor manera posible, sin estigmas ni modelos idealizados.

A menudo tenemos una actitud casi obsesiva frente a las diferentes modalidades, para luego darnos cuenta de que en realidad poco importa cómo viene al mundo el niño; lo único que importa es que hay una nueva vida de la que ocuparse.

El nacimiento no es el punto de llegada y el parto no es un cuento de hadas ni tiene nada de mágico mientras sucede, y tampoco constituye una prueba de fuego para determinar el valor de una mujer; es una experiencia poderosa, el inicio de un compromiso que sabe a eternidad.

Y si es cierto que ese vínculo podrá asumir las formas más variadas y podrá, antes o después, también interrumpirse, la «eternidad» está inscrita en las vísceras y grabada visiblemente en la tripa. Cuando una mujer ve por primera vez al recién nacido, inmediatamente después del parto, sabe que será «yo y tú para siempre», aunque por un motivo u otro se verá obligada a renunciar a él.

Vivir nueve meses en simbiosis con otro ser humano y traerlo al mundo no es algo a lo que se pueda dar marcha atrás. Es una experiencia indeleble, independientemente de cómo evolucione la historia.

Y si queremos captar la belleza de su sentido más profundo, al analizar su naturaleza debemos salir del *realm* de la bioética para abrirnos a otras perspectivas, tratando de hablar, como sostiene el filósofo Silvano Zucal, de arraigo afectivo de los interrogante sobre el nacimiento, y no de un sentimentalismo vacío; según afirma, es tarea de la filosofía teórica examinar el significado más profundo del nacimiento que se configura como un acontecimiento absolutamente singular de la existencia humana, del existir[45].

Pero el nacimiento, precisamente, es solo el comienzo, y a lo largo de la vida vivimos uno o más renacimientos.

La orquesta vuelve a tocar. El sonido del saxofón irrumpe en la sala, comienza el tema y después de unas notas empieza a sonar la batería. La pieza es *Rebirth,*

---

45. Cf S. ZUCAL, *Filosofia della nascita*, Morcelliana, Brescia 2017.

de Max Roach y Anthony Braxton[46], una explosión de *bebop* que aleja a los espectadores de los ritmos regulares y del sonido dulce de la flauta de bambú para llevarlos a la frenética energía del virtuosismo, abandonando el tenue y calmado ambiente sonoro para entrar en una auténtica carrera caracterizada por lo imprevisible e inesperado. Pasando de la idea del nacimiento a la del renacimiento.

Todo ser humano viene al mundo una sola vez, pero renace muchas veces, siguiendo la evolución del tiempo, los imprevistos de la vida y las experiencias. El renacimiento señala todo recorrido vital que se interese por la autenticidad de sí mismo y de su propio sentir, en el que el origen y el bagaje que conforman al ser humano son un punto de referencia y un precioso tesoro, nunca un obstáculo al desarrollo de la persona.

Y este es el sentido de la llamada que Dios dirige a Abrahán al comienzo de su camino, cuando le pide que deje su país, el entorno en el que ha crecido, y la casa de su padre, y le dice: «Ve a ti mismo, a la tierra que yo te mostraré».

Porque precisamente como en el momento del nacimiento, es necesario cortar el cordón umbilical para poder caminar con las propias piernas, y, exactamente igual que en el momento del nacimiento, ese corte no indica

---

46. La canción está incluida en el álbum *Birth and Rebirth* (1978).

una ruptura, sino que es señal de un vínculo con nuestro origen que permanece fuerte y grabado en nosotros, es una separación sana que nos permite continuar de manera autónoma. El cordón que nos ha alimentado no puede convertirse en un cable de acero que nos impida desarrollarnos en la libertad de nuestro ser.

Dios dice a Abrahán: «Ve a ti mismo, a la tierra que yo te mostraré», es decir, «Aprende a ver las señales que la vida te presenta, aprende a construirte, a no actuar como un autómata, sino como un ser humano capaz de renacer en los lugares mentales y físicos que habita a lo largo del tiempo».

Años después, Dios le hace una nueva petición a Abrahán, mucho más exigente, sin duda: que lleve a su hijo único, aquel que ama, Isaac, a la tierra de Moria para ofrecerlo en holocausto sobre un monte que el propio Dios le indicará.

La llamada es similar en estructura y lenguaje a la que recibió al comienzo del camino, pero si en el primer caso a Abrahán se le ordena que deje su pasado (país, entorno, casa paterna), lo que se le pide aquí es que renuncie a su futuro, a su hijo y a su descendencia.

La desgarradora decisión de Abrahán y el miedo de Isaac resuenan en los versos de la poetisa israelí Rivka Miriam:

Así, junto al altar quería quedarse Isaac,
mientras las ásperas manos paternas
luchaban para sacarlo del mundo
tal como lo había engendrado,
con un ansia desgarradora.

Abraham ataba a su hijo
como si tuviera cordones umbilicales,
para llevarlo de vuelta hacia sí mismo,
a sus propias entrañas de anciano, frágiles.
La risa de Sara.

Así, junto al altar, quería quedarse Isaac,
haciéndose cada vez más pequeño,
para volver a ser la semilla arcana de su padre.
Celestial como un sueño, numeroso como
las estrellas[47].

Pero, finalmente, Isaac no fue sacrificado, Dios mismo impidió que sucediera, porque traer al mundo un hijo no significa poseerlo o decidir su futuro. Los hijos, y los seres humanos en general, no se sacrifican y no se atan, por ningún motivo ni en ningún altar.

Cuando Abrahán parte por primera vez hacia su desconocido destino, vive un primer renacimiento, y ese día, en el monte en la tierra de Moria, vive un renacimiento doble: el del padre, que adopta una mirada diferente

---

47. R. Miriam, *Così presso l'altare,* traducción de S. Kaminski – M. T. Milano.

83

sobre su hijo, «dejándolo marchar», y el de Isaac, que tiene el derecho a seguir su propio camino.

La intervención del ángel para impedir el sacrificio es la señal más evidente y poderosa de la necesidad de reconocer al que es distinto de sí mismo y a permitirle vivir su propia individualidad en libertad, de criar a los hijos con amor y afecto sincero, pero sin sogas en el cuello[48].

Las experiencias bíblicas de Abrahán e Isaac trazan un sendero en el que no existe el concepto de destino, sino que se recorre con el ejercicio de la conciencia, entendida no como instrumento de moralidad, sino más bien de consciencia de uno mismo, de sus propios límites de derechos/obligaciones para decidir quién se quiere ser, porque ahí reside la belleza de estar vivos.

Nacer y renacer. Caminar escuchando lo que la filósofa María Zambrano denominaba «la razón poética», una razón que consigue expresar la vida desde lo más profundo del cuerpo, la mente y las entrañas.

Y mientras el telón comienza a bajarse poco a poco, llegan las palabras de Zambrano, que hacía dialogar profundamente y de manera inusitada poesía y filosofía, que hablaba de nacer y desnacer, de una vida en la que se transita bailando, siguiendo el propio ritmo y entrelazándolo con el de los demás, guiados precisamente

---

48. Cf M. T. MILANO, *21 storie d'amore. La Bibbia come non te l'aspetti*, Edizioni Sonda, Milán 2023, pp. 51-57.

a algo que se deslice también por los interiores, como una gota de aceite que apacigua y suaviza, una gota de felicidad. Razón poética, es lo que vengo buscando. Y ella no es como la otra, tiene, ha de tener muchas formas, será la misma en géneros diferentes[49].

---

49. M. ZAMBRANO, *Claros del bosque,* Cátedra, Madrid 2001, p. 19.

Acto Tercero

Escena 1
Metamorfosis

Nacimiento. Renacimiento. Metamorfosis. En un instante el escenario se llena de luz y la orquesta interpreta el primer movimiento de *The River*, ballet compuesto por Duke Ellington, mientras en el fondo aparece en vídeo el gran bailarín y coreógrafo Alvin Ailey, que cuenta:

> Para componer *The River*, Duke Ellington escuchó todas las músicas inspiradas en el agua que se habían grabado en todo el mundo, desde Händel hasta Debussy y Britten. Tenía que ser una música acuática y seguir el curso de la corriente en todas sus etapas: un meandro, una cascada, una garganta y luego unos susurrantes rápidos. Me enamoré de la idea. La música era preciosa, y Ellington estaba claramente fascinado por las imágenes del agua en todas sus formas, pero también veía en el recorrido del agua –desde su nacimiento hasta el río y después al mar, que se evapora y regresa en forma de lluvia o nieve– una poderosa metáfora espiritual.

The River era para nosotros la alegoría del nacimiento, de la vida y del renacimiento[50].

Entra en escena una pareja de bailarines. Sobre el fondo desaparece la imagen de Alvin Ailey y se proyecta la imagen de una mujer que ha inspirado y dado forma a su estilo coréutico: Katherine Dunham, *performer,* antropóloga, coreógrafa, directora, productora, actriz y ensayista, fundadora del Ballet Nègre en Chicago, en 1931, y del Negro Dance Group en 1933, así como celebridad en Broadway y Hollywood y colaboradora y esposa de John Pratt. En 1943 fundó una escuela en Nueva York y dedicó su arte a contar sus propios orígenes, el encuentro de culturas y las sinergias culturales que dan forma a la fisonomía de la sociedad y que se expresan también a través de la continua transformación de la danza en los movimientos, en la diferente percepción de la musicalidad vivida por el cuerpo. Cada danza tiene una historia que contar, un desarrollo que revelar, biográfico y cultural.

La danza es arte en movimiento y nos muestra la realidad de este mundo, en el que nada es estático, sino que todo se transforma y se adapta a los cambios. Tiene la singular capacidad de esbozar las metamorfosis de la vida y de las civilizaciones, por eso en el siglo XX muchos coreógrafos y bailarines, en su mayoría mujeres, estudiaban

---

50. Este texto está compuesto por diferentes frases de Alvin Ailey, y pueden encontrarse en Internet.

antropología, una materia que, como suele decirse, hace familiar lo extraño y extraño lo que es familiar. La antropología ayuda a mirar la realidad con otros ojos y a relativizar, porque demuestra que cada situación en la que estamos inmersos está determinada culturalmente y no es verdadera en un sentido absoluto del término, ni mucho menos es inmutable.

Nos hace romper las certezas en las que basamos nuestra existencia en el mundo, no estructurar la realidad como si fuera una pirámide, a ver en lo «otro» la expresión de una cultura con la misma dignidad y no solo algo curioso con tintes exóticos, cuando no un elemento demasiado lejano en lo que se refiere a los valores o al tiempo.

La danza es el espacio en el que cobra vida la narración de nuestras metamorfosis individuales y colectivas; refleja una realidad poliédrica que no solo nos impulsa a replantearnos el lugar que ocupamos en el mundo, sino también a desmontar los prejuicios y los estereotipos que todavía nos habitan y que suelen ser un obstáculo para nuestra más completa y profunda percepción de la belleza.

La búsqueda del arquetipo que motivaba a etnólogos y musicólogos imbuidos de teorías evolucionistas ha sido un espacio fecundo en muchos aspectos, pero también ha formado una idea falsa de autenticidad, un modelo cristalizado en el tiempo que no encuentra su correspondencia en la realidad.

Nos hemos convencido de que es posible encontrar la melodía original de una canción popular cuando en realidad solo podemos ir hacia atrás y recuperar la forma más antigua que haya a nuestra disposición, sin saber, por otro lado, si esa melodía existía anteriormente y cómo era; los grandes etnomusicólogos de finales del siglo XIX y comienzos del XX que viajaban con un fonógrafo para captar las «notas primigenias», como Abraham Zvi Idelsohn, Béla Bartók y Leone Sinigaglia, descubrieron de pronto la prueba de que personas de la misma generación cantaban de manera diferente y a veces con palabras distintas una misma canción. Y todavía hoy, ante esta constatación, hay quien se frustra en lugar de captar la belleza de la vivacidad que anima todas las manifestaciones humanas en el tiempo y en los diferentes lugares.

Nos hemos convencido de que la danza de una etnia africana es un conjunto de movimientos transmitidos de generación en generación de manera inmutable, de la que los occidentales se han alejado creando nuevas formas cada vez más refinadas, hasta llegar al ballet clásico. Pero en realidad, como enseña el antropólogo Marcel Mauss, padre de la expresión «técnica corporal», todo ser humano utiliza su cuerpo a partir de una determinación cultural y no de una predisposición natural o de la situación de evolución del grupo al que pertenece, y los movimientos representan ante todo la realidad de vida de quien los hace. Y lo bello es constatar, fuera de las construcciones mentales y de la autoreferencialidad, cuántos y cuáles son los modos que encuentra el hombre para hablar de sí mismo y expresarse.

Cuando en 1969 Joann Kealiinohomoku escribió su ensayo sobre el ballet clásico como danza étnica desconcertó a todos, al demostrar que también esa forma artística que a los ojos de los occidentales parecía (y a algunos les sigue pareciendo todavía) elevada, refinada y elegante, no es más que el reflejo de un pensamiento y de un legado cultural, igual que lo son también los «bailes tribales» de otros países[51].

También la idea de que las bailarinas debían ser delgadísimas y etéreas, por ejemplo, es especifico de un cierto contexto cultural, que, por otro lado, está tratando con esfuerzo de asumir y revisar un concepto del cuerpo femenino que ha generado numerosos problemas a generaciones enteras de mujeres y que no está en absoluto presente en otras culturas.

Y nosotros, atrapados en la inmovilidad del modelo Barbie (sobre el que recientemente se ha desarrollado una interesante línea de investigación que implica a la filosofía y la sociología), nos emocionamos ante las bailarinas

---

51. Cf J. Kealiinohomoku, «An Anthropologist Looks at Ballet as a Form of Ethnic Dance», en M. Van Tuyl (ed.), *Impulse 1969-1970. Extensions of Dance*, Impulse Publications, Inc., San Francisco (CA) 1970.

de Fernando Botero, voluminosas, coloridas y muy ágiles. El pintor, que declaró: «No pinto mujeres gordas, pinto volúmenes», desafía nuestros estereotipos de belleza, y viste con tutús, zapatillas de ballet o ajustados trajes de tango a mujeres de formas redondeadas, símbolos de la alegría de vivir, la fertilidad y la sensualidad.

Nos conmovemos con el vídeo que la artista británica Anna Ginsburg hizo para su hermana, que sufría anorexia, en el que se desarrolla una danza de muchos cuerpos femeninos que en realidad son siempre el mismo: entero y luego desmembrado, aumentado y disminuido, multiplicado, amputado, reconstruido, engordado y después adelgazado, estirado, mutilado, suavizado, desnudado y vuelto a vestir, violado y luego sanado, como le ocurre a menudo al cuerpo de las mujeres. Ginsburg pone en escena las metamorfosis del cuerpo para debilitar las certezas sobre los cánones de belleza, para decir que todo lo que parece objetivo y verdadero en sentido absoluto es en realidad tan solo el producto de una época o de una cultura.

Los espectadores comienzan a pensar que también el espectáculo que están presenciando está culturalmente determinado en el espacio y en la forma: hay un escenario sobre el que se desarrolla la acción y está separado del público; tiene una duración dictada por las costumbres de Occidente; presenta contenidos, imágenes y personajes pertenecientes a un contexto específico. Si fuese posible desplazarse en otro lugar del mundo, o en otra época, la tarde sería definitivamente diferente.

Y ahora contemplan con otros ojos a los bailarines que toman parte en *The River,* suponen que la coreografía de Alvin Ailey, un entramado de estilos distintos, no es solo la expresión de contaminaciones artísticas o del deseo de buscar la originalidad, sino el resultado de una evolución personal del coreógrafo y fruto de un encuentro de historias y de culturas que caracterizaron a la América de esos años.

Nacimiento. Renacimiento. Metamorfosis.

El tercer acto, escena primera, narra la evolución de la humanidad a través de la danza, con diversas expresiones y funciones. Los protagonistas de *The River* abandonan el escenario y la música cambia claramente de estilo. El swing de Duke Ellington cede el puesto a la sonoridad contemporánea de Angelo Badalamenti, Arvo Pärt y Francesco Giomi, y entra en escena una bailarina, la intérprete de *Kore,* con la coreografía de Virgilio Sieni[52].

El ballet se inspira en el texto que el filósofo Giorgio Agamben dedica al mito de Perséfone. La bailarina se mueve en el escenario y presenta su transformación

---

52. Virgilio Siei se ocupó de la dirección, coreografía y escenificación. El texto en el que se inspira es G. AGAMBEN – M. FERRANDO, *La ragazza indicibile. Mito e mistero di Kore,* Electa, Milán 2010.

de «joven indescriptible», primero, una joven de rodillas que se mueve como una muñeca, con un vestido voluminoso y vaporoso; luego, un insecto en un proceso de metamorfosis que expresa la dualidad del ser humano, que es a la vez animal y racional; por último, como una *Kore,* que es consciente de su feminidad, pero aun así sigue tambaleándose y girando sobre el suelo.

Y sobre el fondo del escenario aparece el texto de una poesía de Ronny Someck:

Baila como si nadie
te estuviese mirando,
sé Picasso, que desde el lienzo del cuerpo
levanta los hombros y las manos,
deja que el pincel del fuego ennegrezca
las brasas de sus ojos,
y recuerda que, desde que naciste, quito
baldosas calientes de debajo de tus pies[53].

Nacimiento. Renacimiento. Metamorfosis.

Toda nuestra vida se desarrolla bajo el signo de estos tres procesos. El cuerpo se transforma, como todo elemento de la realidad que nace, madura y se marchita. Nuestro interior también se transforma, con las experiencias de la vida, y todo ser en movimiento contribuye a la transformación del tiempo y del espacio. Nada es más

---

53. R. SOMECK, *4 consigli a una bimba che danza,* in *Il bambino balbuciente, o.c.,* p. 29.

engañoso e irreal que la afirmación de que, con demasiada frecuencia, lo que nos mueve en realidad es el miedo a lo desconocido: «Siempre ha sido así, siempre se ha hecho así». Pero no es verdad, todo cambia, nosotros y nuestro estar en el mundo cambiamos. Nada en la existencia puede ser estático.

Con los años, el cuerpo cambia de forma, no siempre como nos gustaría, y sobre el rostro van poco a poco apareciendo las señales del paso del tiempo. Tenemos miedo de las arrugas y cultivamos el ideal de la elasticidad y la tersura. Tenemos incluso la posibilidad de aparecer más guapos en las fotos con cualquier smartphone, simplemente accionando la función que nos permite aparecer con la piel lisa y resplandeciente. Nos hemos acostumbrado a sobrevalorar el concepto de belleza y el de tersura, a un estado carente de señales, de heridas, de agitación. El cambio agita, y no siempre estamos preparados para afrontarlo.

Una voz en *off* lee las palabras del filósofo surcoreano Byung-Chul Han:

> Lo pulido, pulcro, liso e impecable, es la seña de identidad de la época actual. Es en lo que coinciden las esculturas de Jeff Koons, los smartphones y la depilación brasileña. ¿Por qué lo pulido nos resulta hoy hermoso? Más allá de su efecto estético, refleja un imperativo social general: encarna la actual *sociedad positiva*. Lo pulido e impecable no daña. Tampoco ofrece ninguna

resistencia. Sonsaca los «me gusta». El objeto pulido anula lo que tiene de algo puesto enfrente. Toda negatividad resulta eliminada [...]. Lo pulido transmite solo una sensación agradable con la que no se puede asociar ningún sentido ni ninguna hondura: ¡se agota en el *Wow!*[54].

En los últimos tiempos algunas mujeres bellísimas como Julia Roberts y Emma Thomson se han hecho fotografiar sin maquillaje, mostrando las arrugas y un cuerpo no retocado, que revela el paso del tiempo. En el año 2022 la foto de la supermodelo Kelly Hughes que aparecía en bikini tras dar a luz dio la vuelta al mundo y suscitó gran asombro, porque fue la primera en la historia en mostrar la cicatriz de la cesárea. Esa marca, que todavía se percibe como una imperfección estética que hay que esconder, es en realidad reflejo de la belleza absoluta del nacimiento, y es increíble que nuestras construcciones culturales pretendan mantenernos aún encerrados en los clichés y nos impidan comprender la esencia de los acontecimientos fundamentales de la vida, como nacer y envejecer.

Un cuerpo que tiene marcas es un cuerpo con historias que contar, dijo en cierta ocasión un filósofo, pero nuestros inflexibles cánones estéticos y el miedo al cambio, físico y de otro tipo, son una de las grandes limitaciones para nuestra percepción de la belleza.

---

54. B.-C. HAN, *La salvación de lo bello,* Herder, Barcelona 2023 [edición digital].

98

Cualquier transformación puede ser desconcertante, pero precisamente es ahí donde podemos captar la belleza de nuestra transformación en personas, en nombre de una autenticidad del ser que no es la cristalización en un modelo prestablecido, sino la flexibilidad y aceptación del movimiento, como en un baile. Esto no significa sentir que nos hemos vuelto locos o sentirnos personajes «sin morada fija», a merced de los acontecimientos, sino seguir el «ritmo» del que habla María Zambrano, como seres humanos que pueden vivir de manera serena el natural cambio físico y la maduración interior que es reflejo de las evoluciones personales e histórico-culturales.

Puede parecernos tentador construirnos una caja en la que refugiarnos, sin dejarnos perturbar demasiado por la vida, pero esa *comfort zone* del tiempo se revelará como el espacio de la aridez y del aturdimiento, un espacio demasiado pulido en el que se reduce al mínimo la posibilidad de turbación, pero también de reconocimiento de la belleza de la vida.

Cortar los cordones antes de que se conviertan en lazos demasiado tirantes, hacerse cargo de la vida, ser conscientes de uno mismo y encontrar el valor de hacer frente a los desafíos y seguir con confianza y esperanza los movimientos que nos hacen persona y sujeto, más que autómatas.

Nacimiento. Renacimiento. Metamorfosis. Sobre el escenario vacío las luces se apagan y el foco ilumina un atril. Nadie se acerca, la voz llega desde otro sitio, desde el pasado. Pertenece a Anne Dufourmantelle, psicoanalista, filósofa y escritora, una mujer excepcional y de gran empatía que nos ha dejado páginas inolvidables sobre la dulzura y sobre el elogio del riesgo, el riesgo de amar, que anula las seguridades y los cálculos de probabilidad para abrir a una vida metamórfica que es riqueza interior.

En Occidente estamos ciegos a lo imperceptible. En una cultura del resultado, lo discontinuo parece un espejismo. Ahora, a cada instante, todo se modifica. Pero ¿cómo ocurre eso? ¿Percibimos aún el momento en que ocurre, cuando nos detenemos en cada detalle de un proceso en curso? La dulzura está hecha precisamente de esta materia, porque no se la puede captar de manera categórica, sino solo existencialmente. Como sensación o como paso, o potencia de metamorfosis. El mundo fluctuante es inquietante para Occidente, probablemente porque lo inefable pertenece solo a Dios y no a la realidad. El pensamiento europeo ha tenido la ocasión de la fijeza del ser.

Pero la vida es una musiquita, un mecanismo secreto capaz de conducirnos a la noche, a lo desconocido, al deseo, para reconquistar la vida auténtica. Es el riesgo de afrontar y reconocer nuestras «pasiones negativas», las experiencias críticas que acompasan nuestra vida, ante las cuales solemos acobardarnos y morimos un poco. Porque a menudo, por querer protegerla demasiado, acabamos por perderla. Asumir el riesgo de la libertad interior es arriesgarse a amar y a ser amado, a saborear la vida como un don cotidiano y abierto a lo desconocido, a lo inesperado[55].

Nacimiento. Renacimiento. Metamorfosis. Solo el primero nos resulta extraño, mientras que los otros dos nos pertenecen y son decisión nuestra. Son una decisión y un compromiso, a veces suponen un esfuerzo, pero nos permiten elegir entre la belleza de vivir y la resignación a sobrevivir.

El escenario se inunda de imágenes coloridas de mariposas volando, antiguo y eterno símbolo de metamorfosis y belleza, y sobre el fondo aparece una frase de Maya Angelou, poetisa y bailarina:

Nos deleita la belleza de la mariposa, pero rara vez nos damos cuenta de la transformación que ha debido afrontar para alcanzar esa belleza.

---

55. Texto elaborado a partir de dos libros de Anne Dufourmantelle, *La puissance de la douceur,* Payot, París 2013 (trad. esp.: *La potencia de la dulzura,* Nocturna Argentina, Buenos Aires 2021), y *Éloge du risque,* Payot, París 2011 (trad. esp.: *Elogio del riesgo,* Nocturna Argentina, Buenos Aires 2020).

Escena 2
Libertad

Se abre el telón. El escenario está casi completamente ocupado por una reproducción de una foto de Martínez en la que la artista acróbata Liz Thomas está haciendo un *slackline,* colgada cabeza abajo en el vacío, sobre un cable tensado entre dos acantilados de 180 metros de altura; está sujeta por la cintura y los tobillos, con las piernas abiertas, mediante cintas de seda blanca que se despliegan bajo su cuerpo y vuelan como sábanas hinchadas por el viento.

Es el sueño de volar que desde tiempos inmemoriales fascina al ser humano, a pesar de la advertencia de Ícaro. Es el sueño del desafío a los límites y del sentido de libertad.

El vuelo seguro de Liz Thomas, congelado en un fotograma, es la representación artística de la relación imprescindible y en continua dialéctica entre límites y libertad, una relación que no es obvia en absoluto, que nos afecta diariamente y no solo como ejercicio filosófico (a veces meramente retórico), sino en lo concreto de la vida. La libertad es un anhelo y un compromiso. Fascina y asusta. A veces nos parece tan cercana, pero inalcanzable. La perseguimos y la rehuimos. Lo difícil no es encontrarla, sino habitarla con constancia y seriedad. Porque la libertad es algo serio, no una idea ni un *topos* literario.

La libertad no contempla los conceptos de destino y de predeterminación, porque reconoce al ser humano la capacidad y el derecho de avanzar con sus propias piernas a lo largo de un camino, durante el cual todo individuo acompasa su paso al del otro, pero siendo consciente de sí mismo y de sus propios deseos.

En el gran relato bíblico el fundamento de la libertad atraviesa como un hilo conductor las diferentes vivencias y llega a su culmen en el paso del mar Rojo, cuando los hebreos, guiados por Moisés, María y Aarón, huyeron de la esclavitud de Egipto para llegar a la tierra prometida. Dejaron una situación dura, en la que, sin embargo, tenían garantizados alimento y casa, para afrontar un enorme desafío, y en los momentos de dificultad, de hambre y sed, añoraban las ollas de carne y la relativa estabilidad de una cotidianidad en la que tenían cubiertas sus necesidades primarias. Tenían miedo a lo desconocido, estaban experimentando incomodidades y se preguntaban si habrían hecho mejor no «dejando la seguridad por la incertidumbre», en nombre de ese ideal un tanto efímero que ahora se les presentaba en toda su dificultad y complejidad. Por otro lado, como sostiene el historiador Giovanni Levi, la incerteza es un factor productor de historia.

La caída del maná es una de las señales, un don inesperado que les tranquiliza garantizándoles que han tomado la decisión correcta y dice: «Es complicado, pero merece la pena». Permanecerán cuarenta años en el desierto, un espacio a menudo hostil que no puede ser un hogar y que se caracteriza por el constante caminar.

La orquesta se ilumina y, entre los atronadores aplausos del público, ocupa su lugar el maestro de la mandolina Avi Avital, que interpreta la canción Maroc[56].

Y una voz en *off* lee una poesía de Chaim Guri:

Hay personas que no pueden estar en este lugar,
demasiado amarillo para ellas,
un silencio que hace enloquecer.
Hay personas para las que Dios es desmesurado
en este desierto.
La gente se asusta cuando por la noche ve
las estrellas[57].

---

56. *Maroc*, de Omer Avital, forma parte del repertorio del espectáculo *Avital Meets Avital*, con Avi Avital, Omer Avital, Omer Klein e Itamar Doari. Avi Avital recibió una nominación a los premios Grammy.

57. C. Guri, *Il deserto*, traducción de S. Kaminski – M. T. Milano.

El desierto: un espacio geográfico y metafórico que Occidente, siguiendo las huellas de un determinado pensamiento religioso y místico, ha idealizado, alejándose tanto de su realidad concreta de lugar árido y cálido en el que se percibe el hambre, el miedo y un silencio ensordecedor, como de su realidad metafórica de transición y formación, que nunca son simples ni «gratuitas». Un lugar que poco a poco se ha ido identificando como el espacio por excelencia de la *revelación,* a partir de un determinismo geográfico que funciona bien para un Dios de la naturaleza, pero no para un Dios de la historia, que es el de la Biblia.

Porque el Dios de la Biblia no se manifiesta en confines geográficos establecidos, sino más bien en el marco existencial de los hombres, y entra en su experiencia histórica y vital. En el relato del éxodo de Egipto, Dios se revela en el desierto solo porque en ese momento el pueblo se encuentra allí, y solo porque en ese momento, y precisamente ahí, el pueblo debe comprender que el ejercicio de la libertad solo es posible a partir de límites establecidos.

Los hebreos han sido sacados de la esclavitud, han hecho experiencia de liberación y han atravesado el mar, pero todavía no conocen la dimensión de la libertad y durante un tiempo tendrán que vivir en el desierto, hasta que estén preparados para cruzar, una vez más, el agua, la del río Jordán. La liberación no genera automáticamente la libertad, ni en el relato bíblico ni en la vida de ningún ser humano. La libertad requiere tiempo y transformación, sobre todo a partir de uno mismo.

Por eso en el desierto del Sinaí los hebreos reciben las tablas de la ley, el código legislativo que permitirá a un grupo de esclavos, sometidos al poder del faraón, convertirse en pueblo agente de su historia, en el que ya no hay pirámides de ningún tipo. Moisés sube al monte «humeante» y coge las tablas en un espectáculo de voces, relámpagos y truenos, en la grandeza de una escenografía que permanece grabada en nuestros ojos, poderosa y simbólica.

La orquesta se detiene y una voz en *off* lee los versos de Erez Biton, un poeta israelí invidente que un día viajó por el desierto con el célebre poeta Yehuda Amichai y poco después escribió:

Tu mano taciturna
ha esbozado delante de mí
oasis en el desierto
verde sobre verde.
Como vasos comunicantes
una mano toca la otra.
han pasado a través de tus ojos
hasta mí
la grandeza del contar
y la maravilla
de la zarza ardiente[58].

---

58. E. Biton, *Raggiungere il deserto,* traducción de S. Kaminski – M. T. Milano.

«La grandeza del contar y la maravilla de la zarza ardiente». El relato del camino hacia la libertad está escrito con caracteres indelebles en el paisaje y se percibe el momento en el que Moisés, líder y maestro, recibió las «diez palabras»[59] grabadas sobre dos tablas de piedra. El texto bíblico hace un interesante juego de palabras sobre las cuales los maestros del Talmud escribirán:

> Y las tablas eran obra de Dios y la escritura era escritura de Dios, grabada sobre tabla: no leas *harut* (grabado), sino *herut* (libertad), porque no hay nadie verdaderamente libre más que el que se dedica al estudio de la Torá[60].

Y más allá de la referencia específica al estudio de la Torá, que en sentido general significa ahondar en las leyes para comprenderlas y escudriñarlas –y que, por tanto, es una imagen del hacerse cargo de la vida–, llaman la atención esa particular asonancia y la sugerente imagen de una libertad grabada en la piedra, tan sugerente que ocupará la reflexión de algunos grandes estudiosos, el primero de todos, el filósofo alemán Franz Rosenzweig.

La libertad grabada sobre piedra no es una libertad *del* precepto/límite, sino *en el* precepto/límite. Si no existieran

---

59. En hebreo los Diez Mandamientos se llaman *'aseret hadevarim,* «diez palabras».

60. Mishná, *Pirkei Avot* 6,2.

108

límites y no aprendiéramos día a día a grabarlos en nosotros mismos, no existiría la libertad.

La salida de Egipto, es decir, de una vida impuesta por otros, el paso a través del agua como paso de liberación y emblema de la necesidad de superar las dificultades con confianza, aceptando lo desconocido en nombre de un ideal poderoso, y la aceptación de los límites que constituyen la *conditio sine qua non* para poder construirnos a nosotros mismos y nuestras relaciones en una dimensión de libertad, son expresión de la experiencia constitutiva de todo individuo, más allá del relato específico hebreo.

La epopeya bíblica tiene una fuerte relevancia en significados y valores, tanto en la lectura de la vivencia individual desde el punto de vista psicológico y formativo de la persona como en su función de paradigma social y cultural. Y los preceptos/límites propuestos en el libro del Éxodo y en el del Deuteronomio revelan un carácter de universalidad, en cuanto fundamento ético que diferentes expertos, en particular el filósofo Hermann Cohen, han puesto de relieve.

Los límites permiten escoger, y escoger implica asumir responsabilidades. Los seres humanos adultos, conscientes de haber salido del Edén, saben que los pasos difíciles forman parte imprescindible de la vida y que sin decisiones autónomas, y a veces desgarros, es imposible abandonar la jaula de oro del jardín primordial, el Egipto hostil y duro pero tranquilizador, con sus ollas de carne y las burbujas de vida que pueden conducir al ser humano a dar vueltas sobre la rueda como un hámster.

En la mitología griega, Sísifo, condenado por los dioses a rodar durante toda la eternidad una piedra hasta lo alto de una colina para luego verla caer una vez alcanzada la cima, se convierte en símbolo de la condición humana en el relato de Albert Camus. En la determinación para cumplir su tarea, Camus ve la lucha del hombre contra un mundo absurdo e interpreta la perseverancia como la aceptación de la vida privada de un sentido objetivo y tangible[61].

Quizá entonces la cuestión radique en la decisión de interpretar nuestra propia vida a partir del mito griego o de la Biblia, que graba la libertad sobre piedra como rasgo particular de quien tenga fe, pero que adquiere también un carácter universal y afirma claramente que solo nos corresponde a nosotros decidir si permanecer en un itinerario circular definido por otros y otras o romper el círculo y escoger un camino lineal, como diría el hebraísta Piero Capelli, tomando verdaderas decisiones, las que todo ser humano libre tiene a su alcance, entre un pasado ya dado y un futuro aún por darse[62].

---

61. A. CAMUS, *El mito de Sísifo,* Random House, Barcelona 2021.
62. P. CAPELLI, *Il male. Storia di un'idea nell'ebraismo dalla Bibbia alla Qabbalah,* Società Editrice Fiorentina, Florencia 2012, p. 71.

La liberación implica corte y transgresión, no en el sentido de ser transgresores, sino en la capacidad de perforar el ambiente protector y emanciparse de los condicionamientos. La libertad interior solo es posible si comprendemos la diferencia fundamental entre los vínculos (sanos) en los que se alimenta el respeto por uno mismo y por los demás y los lazos (estrechos) impuestos por exigencias externas, principalmente implícitas, que han echado raíces en nosotros gracias al refinado arte de los chantajes emocionales y a la promoción de sistemas de valores en nombre de una fe que, si bien mirada, en realidad los desconoce.

Quien de verdad es libre se atreve, y lo hace habiendo grabado en sí mismo los límites. Atreverse no es en sí una virtud, sino más bien una acción que puede adoptar diferentes matices. Podemos atrevernos hasta tal punto de dañar al otro –consciente o inconscientemente–, o hacerlo para superar el miedo que nos encadena a la piedra de Sísifo. Atreverse es un acto que abre una brecha, portadora de esperanza para uno mismo y para los demás, pero cuyas consecuencias pueden ser generadoras o destructivas. Y, sin embargo, es necesario.

Sobre las notas de *Don't stop me now,* de Queen, una voz en *off* lee las palabras de la filósofa Catherine Chalier:

Atreverse significa no ser prisioneros de una realidad estrecha. Para atreverse es necesaria la libertad, y el acto con el que se desafía el límite depende de la necesidad. Hay que atreverse a ponerse en camino, a decidir pensar y vivir de otra manera, como escribe Spinoza, aunque solo sea para descubrir que la necesidad gobierna todas las cosas. Cuando nos atrevemos, rara vez calculamos las consecuencias, y puede ocurrir que sean nefastas, tanto para nosotros mismos como para los demás. A veces resultan beneficiosas para nosotros, pero los demás se creen heridos, o realmente lo están. El ejemplo clásico es el del adolescente que se atreve a desobedecer las órdenes de sus padres. Pero ese paso es vital para crecer. Ningún niño puede quedarse donde lo han colocado, con la prohibición de cambiar. Evitar el peligro lleva a atrincherarse tras los límites que otros nos han impuesto, y que parecen tranquilizadores. Es fundamental entender cuáles son esos límites y comprender que están ahí solo para mantener un equilibrio que no ha de destruirse y que se debe velar. Entonces, es necesario preguntarse: ¿a quién beneficia?

Y es entonces cuando encontramos la fuerza para hacerlo, una fuerza que en hebreo se expresa con el término 'oz, y que indica la fuerza física, moral y espiritual, así como un coraje y una valentía sin los cuales no sería posible ningún comienzo, ninguna renovación del pensamiento, ninguna esperanza[63].

---

63. C. CHALIER, *Partire, rinnovare, sperare*, conferencia dada en la XVIII edición del festival *Filosofi lungo l'Oglio* (2023). Disponibile en YouTube.

Tener fuerza y valentía para emprender un camino, liberados de condicionamientos que traicionan el sentido original de esos límites necesarios para la dignidad y el respeto de uno mismo y de los demás. Transgredir para no condenarnos a rodar la piedra de Sísifo en un itinerario circular que no tiene en cuenta los derechos y obligaciones de los seres humanos de expresarse y florecer, como hacen el desierto en la profecía de Isaías y el terreno yermo del Néguev, que al final del invierno se llena de anémonas rojas.

Atreverse, soñar y hacer realidad los deseos más profundos y auténticos para mirar el futuro con esperanza, aceptando lo desconocido, dejándonos «alterar» por la vida y optando por arriesgarse a amar, como decía Anne Dufourmantelle, para no sentirnos como engranajes de un mecanismo, sino seres sintientes que todavía saben dejarse sorprender y se abren a los demás y a las experiencias con confianza y esperanza.

Habitar la realidad con esa libertad interior que impide que nos dejemos atraer por soluciones acomodaticias, que con el tiempo conducen a la aridez y no nos dejan captar la belleza de nuestra aventura en el mundo.

Desde el foso de la orquesta sale un sonido diferente, el eco de antiguos cantos espirituales de la tradición afroamericana, que escoge a Moisés para expresar la expectativa y el anhelo de libertad. Y por la mente de los espectadores pasan las numerosas imágenes de esa historia y de otras historias modernas y contemporáneas de esclavitud. Como en una secuencia de fotogramas, aparece los sueños del reverendo Martin Luther King, apoyado por las marchas y los cantos de miles de personas en América; la fuerza y la valentía de Nelson Mandela, que pasó parte de su vida en prisión por defender la libertad de los demás; la transgresión de Nasim Eshqi, la escaladora iraní condenada al exilio por defender los derechos de las mujeres; la decisión de arriesgarse de Marjane Satrapi, que en su novela gráfica autobiográfica dibuja la Estatua de la Libertad con una calavera en lugar de un rostro...[64].

Y sobre el escenario, en un foco de luz, aparece una cantante para regalar la última canción al público: *I wish I knew how it would feel to be free,* en la versión de Nina Simone, la mujer que cantaba el sueño de la libertad, invocándola como mujer y como afroamericana, años antes de que se descubriese el significado de interseccionalidad.

Me gustaría saber cómo se siente ser libre.
Me gustaría poder romper todas las cadenas
que me sujetan.

---

64. Cf M. SATRAPI, *Persépolis,* Reservoir books, Vigo 2020. En 2007, año de publicación del libro en un único volumen en Italia, se hizo la adaptación cinematográfica.

Me gustaría poder decir todas las cosas
que debería decir.
Dilas en voz alta, dilas claramente,
para que todo el mundo las oiga.

Me gustaría poder compartir todo el amor
que tengo en mi corazón,
quitar las barreras que nos mantienen alejados.
Me gustaría que supieras lo que significa ser yo.
Entonces verías y estarías de acuerdo
en que todos los hombres deben ser libres.

Me gustaría poder dar todo lo que deseo dar.
Me gustaría poder vivir como deseo
me gustaría poder hacer todas las cosas
que puedo hacer
y aunque fuese tarde
comenzaría desde el principio.

Me gustaría poder ser como un pájaro
en el cielo.
Qué dulce sería descubrir que puedo volar.
Oh, volar hacia el sol y mirar hacia abajo,
hacia el mar
y entonces podría cantar porque sabría
sí, entonces sabría, cómo se siente ser libre[65].

---

65. *Whish I Knew How It Would Feel to Be Free*, escrita por Billy Taylor en 1963, está incluida en el aálbum *Silk & Soul* (1967) y es una de las canciones símbolo de los movimientos de los años sesenta por los derechos civiles.

Final

El espectáculo está a punto de finalizar. El telón está a punto de cerrarse.

Sobre el escenario se han sucedido colores, voces, recuerdos.

Las luces del escenario se atenúan, todo queda envuelto en oscuridad.

De pronto se enciende un foco de luz cenital en el lateral izquierdo y aparece la antigua imagen de un hombre con el rostro marcado por los acontecimientos de la vida, pero con una expresión serena.

Se llama Job, un justo duramente golpeado por el sufrimiento, que durante mucho tiempo se preguntó por las grandes cuestiones como la justicia y el mal. No necesita ninguna presentación especial, todos conocemos su historia, que se narra en la Biblia, pero el aura de leyenda que lo rodea a veces nos ha impedido comprender el significado más profundo de su experiencia.

Job no es en absoluto paciente, como popularmente se cree; se lamenta, grita, se enfada, se hunde en la autocompasión, en resumen: hace lo que haría cualquier ser humano cuando siente que algo «es demasiado». Y no es tampoco el justo sufriente que soporta con cristiana resignación que la exégesis ha presentado durante largo tiempo, aquel a quien Dios recompensa haciendo que vuelva a tener todo lo que había perdido, porque todos sabemos que la vida no funciona así.

En la serie de televisión *Good Omens,* los hijos de Job que nacen después de su terrible experiencia son idénticos a los que murieron al principio, y el ángel dice: «Ya sabes cómo es; los humanos se encariñan». La ironía pone de relieve una verdad: el nacimiento de un hijo no compensa la pérdida de otro, porque, precisamente, hay sentimientos de por medio, y una persona no es un objeto que se pueda sustituir. La predicación de siglos sobre Job que tiende a decir: «Soporta y reza, así todo se arregla», no tiene en cuenta la dimensión humana y, en suma, tampoco la divina, dado que la lógica de Dios no es del estilo de «Si eres bueno te premio, si te arrepientes te recompenso, si eres malo te castigo, así aprendes».

Al comienzo de la historia, Job está en el punto de mira de Satanás, un miembro de la corte celestial un tanto ambiguo, que representa el papel de lo que nosotros llamaríamos «abogado del diablo». Satanás siembra dudas sobre la fe de Job y sugiere a Dios que pruebe a golpear profundamente a su íntegro siervo para ponerle a prueba.

Job comienza a perder poco a poco sus bienes y sus afectos, se lamenta con un nivel de *pathos* que supera al de la tragedia griega. En ese momento entran en escena tres amigos suyos, tres hombres dogmáticos, de certezas incuestionables, que sacan fuerzas de la tradición de la Escritura; a ellos tres se les suma un cuarto, que le explica: «Sufres porque Dios quiere educarte para hacerte mejor». Como si Dios fuera un verdugo...

El pobre justo sufre, se desespera, quiere respuestas, pero Dios permanece en silencio durante casi toda la duración de la historia. Es muy duro el silencio de Dios, y quien lo haya experimentado aunque solo haya sido una vez en la vida sabe lo que significa. En realidad, la mayoría de las veces no es Dios quien calla, sino que somos nosotros los que no estamos preparados para escuchar lo que tiene que decirnos, pero esto es otro tema. La cuestión es que, cuando por fin el Todopoderoso toma la palabra, no hace nada de lo que Job espera, o de lo que nosotros esperaríamos: reproches, consuelo, explicaciones racionales. Como en un auténtico *coup de théâtre,* Dios desconcierta a todos porque, como respuesta a ese torrente de lamentos y de invocaciones desesperadas, lleva al protagonista a un viaje por el cosmos para que contemple sus maravillas. Pero ¿qué tipo de respuesta es esa?

Quizá sea la mejor que se le puede dar a un hombre que se estaba enredando en sus elucubraciones, que estaba absorto en sí mismo y sumido en teorías sobre el bien y el mal, el sufrimiento, la justicia... Dios le muestra la obra de su creación, un mundo de maravillas donde también hay monstruos como Leviatán, mares impetuosos y tormentas. Es un mundo de claroscuros.

Dios le dice a Job: «Deja de mirar dentro de ti y comienza a mirar fuera, porque no eres el centro del universo, no puedes encontrar en ti todas las respuestas, no pienses que puedes encajarlo todo en las lógicas humanas, porque mi lógica es diferente. Deja de mirarte la punta de la nariz y abre los ojos». Y Job comprende, porque deja de criticar y empieza a maravillarse.

Job responde al Señor y dice:
–Ahora sé que todo lo puedes
y que nada es imposible para ti.
¿Quién es el que nubla un consejo
sin conocimiento?
Por eso he hablado sin comprender
maravillas que me superan
y que jamás conoceré.
Así que escucha y yo hablaré, te preguntaré
y tú me explicarás.
Te conocía porque había oído hablar de ti
y ahora te han visto mis ojos.
Por eso siento desprecio, pero me consuelo
sobre el polvo y las cenizas[66].

---

66. Job 42,1-6. La traducción está basada en el comentario de Rashi y en Shalom Hartman Institute (www.hartman.org.il).

120

Job abre los ojos, vio que el Dios de sus amigos dogmáticos era una caricatura, un ídolo, mientras que su Dios es mucho más grande, es el Dios de la creación. Se ha hecho consciente de que no todo puede explicarse racionalmente, ha salido de sí mismo y ha contemplado el mundo. «Siento desprecio, pero me consuelo sobre el polvo y las cenizas», es decir: «Me disgusta estar mal, pero me consuela haberte visto por fin por lo que eres, mucho más grande e infinito que esa imagen de mezquindad que me transmitió la tradición. Me consuelo porque no eres así».

Job encarna la necesidad de contemplar el universo en su complejidad, con ese poquito de maravilla y estupor que nos permite reconocer y aceptar sus claroscuros, y explica lo importante que es conseguir abrir los ojos para salir de uno mismo y encontrar la realidad.

El escenario queda de nuevo sumido en la oscuridad, pero de pronto se enciende otra luz cenital a la derecha. Bajo esa luz aparece la imagen de una mujer. Pequeña, con el rostro sembrado de arrugas; lleva puesta ropa sencilla y gafas con montura metálica. Se llama Ágnes Heller, nació en 1929 en Budapest, en una familia judía; su padre, anárquico y ateo, se negó a convertirse al cristianismo para salvarse de la persecución y murió en Auschwitz. Fue un hombre que tuvo una importancia fundamental en el crecimiento de Ágnes; la instruyó en el arte y el teatro, la educó en los sueños, el valor y la belleza.

Durante sus años de universidad la joven escuchó por casualidad una lección de György Lukács y, aunque su discurso no le pareció demasiado comprensible, poco a poco fue apasionándose hasta decidir dedicarse exclusivamente a la filosofía, como su querido amigo Zygmunt Bauman. Se convirtió en la asistente de Lukács, con quien, durante años, mantuvo también una gran correspondencia, pero tras la revolución antisoviética de 1956 fue expulsada de la universidad.

Heller veía en la filosofía un excelente instrumento para investigar sobre la existencia en sus múltiples facetas y recurrió al amplio conocimiento que tenía de la literatura. Ya a finales de los años sesenta sus textos fueron traducidos a diferentes idiomas y su fama alcanzó niveles mundiales. En 1977 emigró a Australia con su marido, el filósofo Ferenc Fehér, y algunos amigos, y se le confió la cátedra en Sociología. En 1981 se trasladó a Nueva York, donde obtuvo la cátedra de Filosofía política en la New School antes que Hannah Arendt, y en esos años se hizo amiga de grandes pensadores como Jacques Derrida, Judith Butler y Michel Foucault. Regresó a Hungría después de la caída del muro de Berlín y allí fue hostigada durante años por sus ideas políticas, y llegó a ser amenazada de muerte por su vehemente oposición a Orbán.

Tanto en sus ensayos filosóficos como en sus ensayos más orientados hacia el pensamiento político, luchó siempre por los derechos humanos y la justicia social. A quien le preguntaba si era marxista, le respondía: «Soy Ágnes Heller, no puedo ser más que yo misma».

Es ella quien cierra la obra en el teatro, ella, que vivió en su propia piel la persecución y combatió hasta el final de sus días contra los regímenes y la injusticia; ella, que conoció el sentimiento de desarraigo y exploró a fondo cada uno de sus posibles significados, cultivando ese profundo sentido de libertad heredado de los antepasados bíblicos, custodiado y cultivado a lo largo de los siglos por la tradición judía; ella, que buscó la belleza en todos los momentos de su vida y la propuso como estilo de vida.

Es ella quien cierra la obra en el teatro, junto al bíblico Job; ella, que escribió un libro titulado *Mis ojos han visto*.

Feri [su marido, Ferenc Feher] y Lukács iban juntos de vacaciones para hablar de filosofía. A mí, en cambio, me gustaba disfrutar del paisaje, dar largos paseos por los senderos, llegar hasta la cima de la montaña y luego descender por caminos de tierra. Y así fue como Feri y Lukács se aliaron contra mí. Siempre querían obligarme a dar el mismo paseo. Me volvían loca. A mí me gustaba descubrir lugares nuevos, ver otros paisajes.

Un día llegamos a un acuerdo. Le dije a Lukács: «Hagamos lo siguiente. De vez en cuando, a lo largo del día, tratemos de ir a un sitio nuevo». Lukács me contestó: «Agi, pero si los árboles son siempre los mismos. Dependiendo de la luz del día y de los distintos momentos de las horas, los árboles parecen diferentes. Esto me sucede también cuando hago dos veces el mismo camino. El entorno que me rodea no es siempre igual». Yo entendía el sentido de su argumento, pero tenía ganas de ver lugares nuevos. En un determinado momento, Lukács empezó a hablar de ontología y dijo: «Las vacas devoran categorías». Perdí los nervios. Me dirigí a él con tono firme y dije: «Querido György, las vacas no devoran ninguna categoría, comen hierba cuando tienen hambre. Aquí no hay ninguna categoría. Obsérvalo bien: eso es hierba verde en estado puro. Allí no hay una ontología, sino una montaña; allí abajo hay un valle; y esto que tenemos aquí al lado es una casa, y detrás de la casa hay un asno». Lukács continuaba hablándome de la consciencia como si fuera un epifenómeno. Pero al final conseguí hacerle comprender que de vez en cuando hay que dejar la filosofía a un lado y disfrutar de la belleza de la vida, de los paisajes, respirar aire fresco.

Y así, durante los días siguientes, cuando íbamos a pasear, me cuidaba mucho de no embarcarme en discursos filosóficos, porque eso habría supuesto el fin. Si no tuviese yo cada día mis momentos de ocio, como la natación o los paseos, ¿cómo podría hacer filosofía?

Y, además, todo filósofo es, antes que nada, un ser humano que respira, que come, que contempla la belleza de las cosas.

Si piensas en cómo te sientes ante una puesta de sol sobre el mar o después de haber llegado a la cima de una montaña y contemplar desde allí lo que hay abajo, tenemos la sensación de inmensidad, de infinito, de tener la vida entre las manos, pero también de estar más allá y por encima de la vida, de encontrarnos en un estado sublime que roza la perfección, que hace que nos olvidemos de todos los problemas de la vida cotidiana, de nuestras preocupaciones. Nos vemos atrapados en un estado de belleza que contiene una promesa de felicidad.

Si nos esforzamos por imaginar no solo para nosotros, sino para toda la humanidad, nuestro sueño con los ojos abiertos, se convierte en sueño colectivo y, por tanto, utópico. Si pensamos que hemos sido tratados injustamente y que la vida es injusta y dura, pero probamos a dar un salto y en lugar de vernos solo a nosotros mismos, vemos la injusticia hacia todos y deseamos un mundo más justo para todos, eso es la utopía[67].

Un hombre y una mujer, a siglos de distancia uno de la otra, reflexionan sobre la maravilla del universo y sobre

---

67. Este texto es resultado de la combinación de un pasaje del libro de A. HELLER – F. COMINA – L. BIZZARRI, *I miei occhi hanno visto*, Il Margine, Trento 2012, y de una intervención titulada *Bellezza e utopia*, que pronunció Ágnes Heller en el festival Pordenone Legge (2015).

la consciencia de ser un pequeño punto, único y funda-mental, que necesita verse en un espacio más amplio, a veces no del todo comprensible de manera racional y con frecuencia caracterizado por contradicciones que generan sufrimiento, pero que, en cierto modo, también es mágico. Los dos abren los ojos y buscan un sentido, algo que los lleve a salir de sí mismos para sentirse parte de un proyecto compartido. Más allá de las reglas de la moral y de las respuestas demasiado simples de personajes de principios inamovibles que presumen comprender y ex-plicar hasta lo inexplicable.

Estando en el misterio de la vida siendo conscientes de que, al margen de las desgracias y de lo que no está en nuestro poder, podemos captar la belleza de todo lo que sucede.

Superando la autocompasión carente de fundamento, seguros de ser piezas preciosas de una gran historia y su-jetos activos de nuestra propia experiencia personal, que es absolutamente única y original.

Evitando el pietismo para cultivar en su lugar una mi-sericordia que es empatía y que nace de la inteligencia emocional.

Yendo más allá de la búsqueda exclusiva de uno mis-mo y de la realización personal para abrir los ojos sobre nuestros propios límites como seres humanos, que tocan el infinito, pero por supuesto, sin querer por ello poseer-

126

lo, para tratar de salir de nosotros mismos y encontrar el otro, humano y divino.

El telón se cierra, y mientras las luces de la sala van encendiéndose poco a poco, desde arriba llueven unos folletos sobre los que hay escritas unas palabras que salieron de la pluma de la poetisa Alda Merini, que devuelven a los espectadores al comienzo del espectáculo, cuando el telón se abrió por primera vez y partiendo de la imagen las palabras se convirtieron en metáfora de un recorrido, de una decisión de ver el mundo y de vivirlo.

Cada cual con sus propias esperanzas.

Cada cual a su manera.

Solo las cosas buenas
tienen el devenir
del cielo.
El nivel de libertad
de un hombre
se mide por la intensidad
de sus sueños[68].

---

68. A. MERINI, *Aforismi e magie*, Rizzoli, Milán 2013, p. 51.

No hemos acabado todavía…

En la sala vuelve a escucharse ruido, unos miran el móvil, otros se preparan para dejar su butaca, y de pronto un hombre coge el micrófono en el escenario. Es el director, que pide a los espectadores que se queden unos minutos más.

–Señoras y señores, el espectáculo aún no ha terminado. Me gustaría pedir a la autora que me acompañara aquí arriba.

Y ahí salgo yo, de entre bastidores, para dar las gracias a quienes me han regalado su tiempo en este enésimo viaje entre palabras, y a quienes han contribuido a hacerlo posible.

«Todo libro y todo espectáculo son para mí una experiencia preciosa, una pieza de esta maravillosa aventura que es la vida. Todo libro y todo espectáculo son la suma de mis estudios, de los libros que he leído, de la música que he escuchado, de las actuaciones teatrales y de las películas que he visto, de las exposiciones de arte con las que me he llenado los ojos, de los viajes que he hecho y, sobre todo, de las personas que he conocido. Son la suma de muchos tiempos, de los tiempos de los que habla Qohélet.

Si tuviese que elegir una sola palabra para describir lo que siento principalmente en este punto de mi camino, elegiría gratitud, infinita gratitud.

Gracias a mi familia XL, que ha sido una casa acogedora, y a la abuela Ieta, que me transmitió el gusto por los relatos.

Gracias a mis padres, siempre presentes, que me han transmitido el sentido del cuidado y la libertad.

Gracias a mi hermano, Alessio, el mejor hermano que podría imaginar, y a su maravillosa familia: Diana, Elisa, Sveva, Nina.

Gracias a Roberto, con quien he compartido una parte importante de mi vida y cuatro hijos: Federico, que aún vive en mis recuerdos más dulces y en nuestro corazón; Giulio (a quien se han sumado Romina y Luna) y mis espléndidas Micol y Miriam, que cada día me recuerdan la belleza de la vida.

Gracias a mis maestros, que me hicieron descubrir lo extraordinario que es el texto bíblico y marcaron de manera imborrable mi camino de búsqueda: Paolo Sacchi, Sarah Kaminski, Corrado Martone, Liliana Rosso Ubigli, Florentino García Martínez, David Bloch.

Gracias al personal de la editorial Paulinas, que al pedirme que escribiera un libro sobre la belleza me catapultaron a esta nueva aventura. Gracias por vuestra confianza y constante apoyo.

Gracias a quien ha contribuido a la escritura del libro con ideas, consejos y revisiones: Graziella Graziano, Paola Lazzarini, Susanna Lodi, Chiara Mandosso, Luca Margaria, Aldo Milano.

Gracias a Carlo Rovelli, que aceptó mi invitación a salir a este escenario virtual.

Gracias a Avi Avital, extraordinario músico y querido amigo que, después de tantas actuaciones juntos en directo, ha tocado una vez más para mí en este libro.

Gracias a mis amigas, porque sin ellas nada sería posible.

Gracias a "mis" músicos, con los que he hecho un montón de música, horas en coche, sueños y risas.

Gracias a quien durante estos años me ha animado a estudiar y a medirme con nuevos retos, a los editores con los que he colaborado y a todas las personas que me han hecho partícipe de proyectos didácticos, culturales y musicales. Es sobre todo gracias a ellos que hoy tengo la certeza de hacer el trabajo más hermoso del mundo.

Gracias a quien me ha hecho descubrir nuevos rincones del mundo y a quien ha dado pasos por el monte conmigo. Caminando juntos es como nacen las conversaciones más hermosas.

Gracias a quien se ha sentado en una butaca y ha dedicado tiempo a la lectura. Un libro comienza a vivir únicamente cuando alguien decide leerlo.

No tengo ninguna verdad que ofrecer sobre el tema de la belleza, tan solo las sugerencias que han tomado forma aquí y se han concatenado; espero que puedan ser un impulso para crear nuevas miradas sobre nuestra cotidianidad, para habitar nuevos espacios de florecimiento».

El telón se abre de nuevo, el escenario de llena de colores y, tras un gesto del director, poco a poco entran los personajes que han tomado parte en la narración.

La orquesta comienza a tocar y una voz entona una canción escrita por Paul McCartney y que los Beatles llevaron al éxito: un himno a la libertad, que es la mayor belleza de la vida y abre los ojos a la esperanza.

Mirlo, ave que cantas en mitad de la noche
coge estas alas rotas y aprende a volar.
Toda tu vida has estado esperando
tan solo este momento
para alzar el vuelo.
Mirlo, ave que cantas en mitad de la noche
coge estos ojos hundidos y aprende a mirar.
Toda tu vida has estado esperando
tan solo este momento
para ser libre.

Vuela, Mirlo, vuela
en la luz de la noche oscura y negra
coge estas alas rotas y aprende a volar
toda tu vida has estado esperando
tan solo este momento
para ser libre
toda tu vida has estado esperando
tan solo este momento
para ser libre.
Toda tu vida has estado esperando
tan solo este momento
para ser libre[69].

69. P. McCartney, *Blackbird* (1968). El autor explicó que se había inspirado en los movimientos que en Estados Unidos de aquellos años luchaban por el reconocimiento de los derechos civiles de los afroamericanos y de su libertad de seres humanos.

Índice